PIERRE BAUDIN

LA POLITIQUE

DE

L'INCOHÉRENCE

PARIS

BERNARD GRASSET, ÉDITEUR

61, RUE DES SAINTS-PÈRES, 61

30

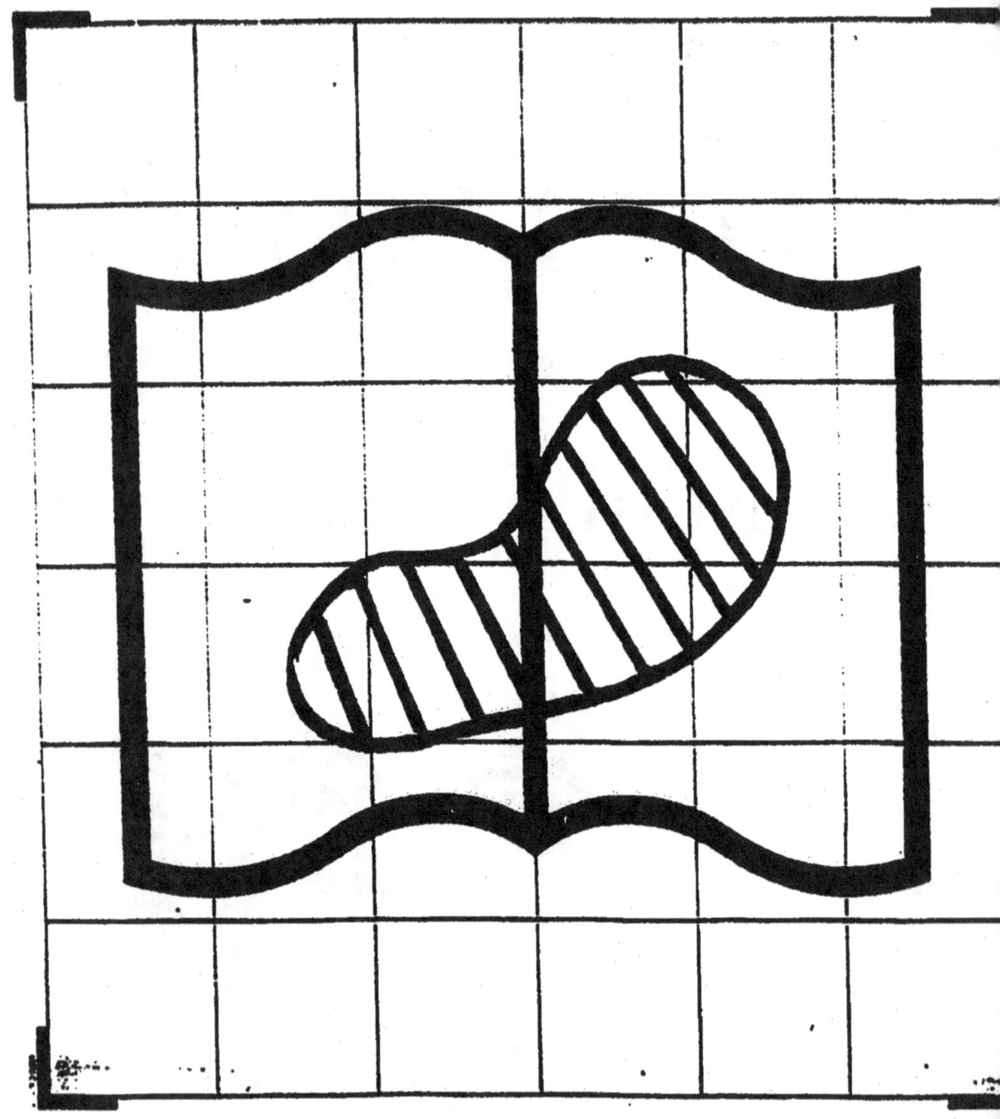

La Politique
de l'incohérence

PIERRE BAUDIN

La Politique de l'incohérence

PARIS
BERNARD GRASSET
ÉDITEUR
RUE DES SAINTS-PÈRES, 61
1914

F

LA POLITIQUE DE L'INCOHÉRENCE

Nous voulons répondre ici aux attaques haineuses dont MM. Pichon et Baudin ont été l'objet de la part de M. Clémenceau, à propos de la politique extérieure des ministères Briand et Barthou.

M. Clémenceau a prouvé une fois de plus qu'il subordonnait le bien général du pays à ses ressentiments personnels et que, lorsque son intérêt semblait le lui dicter, il n'hésitait pas à dénigrer violemment la ligne de conduite que lui même n'avait cessé de suivre lorsqu'il avait la responsabilité du pouvoir.

Les palinodies de M. Clémenceau.

Sa mauvaise foi s'est montrée en maintes circonstances, mais d'une façon toute particulière à propos de la circulaire du 9 août 1913, dite du Vendredi Saint. Par celle-ci, M. Baudin, ministre de la marine, rétablissait la latitude laissée aux commandants des bâtiments par la circulaire du 20 mars 1896, pour le salut du pavillon dans les ports, le jour du Vendredi Saint. Ce geste de politesse, qui n'avait jamais été expressément supprimé, était devenu nécessaire à la suite de circonstances que nous relaterons au cours de cet ouvrage (1). La mesure qui l'ordonnait n'avait pour objet que de régler ce point de détail dans l'ensemble d'une réglementation qui concerne les manifestations extérieures conformes aux pratiques de la courtoisie internationale.

Ces manifestations qui s'adressent d'ailleurs à tous les rites et à tous les cultes dans le Levant, M. Clémenceau n'a rien trouvé à dire contre elles quand il en avait la responsabilité comme chef du gouvernement. Non seulement il les a laissé faire, mais encore il a veillé à ce que leur exécution se fît avec le plus d'éclat possible (2). M. Clémenceau, bien qu'en contradiction avec lui-même, ce qui lui est arrivé si souvent, se trouvait alors dans la légalité.

Il ne devait pas tarder à en sortir.

En effet, dès l'année 1907, une série de dépêches et de rapports était échangée entre M. Thomson, ministre de la Marine, et la Préfecture maritime de Brest, au sujet de l'organisation des services religieux dans les établissements de la Marine, école non-navigantes, hôpitaux et prisons.

On voit qu'il s'agissait là, non plus d'une réglementation des manifestations de courtoisie dans le Levant et d'un simple salut du drapeau, ce qu'a seulement impliqué la circulaire du Vendredi Saint, mais bien d'une violation manifeste de la loi de 1905.

L'esprit malfaisant de M. Clémenceau se retrouve partout. Il fait campagne, au nom des principes

(1) Page 63.
(2) Page 30.

républicains, contre un retour imaginaire au cléricalisme et, lorsqu'il est au pouvoir, c'est lui qui fait tirer le plus de coups de canon en l'honneur des Capucins, des Pères Lazaristes et des Filles de la Charité ; c'est lui qui viole la loi de séparation ; c'est lui qui réorganise, sur le *Borda*, les services religieux (1).

Aussi bien la polémique à laquelle nous répondons aujourd'hui ne fait que fournir une preuve supplémentaire que M. Clémenceau, l'*Homme Libre*, a été, est et restera toujours le prisonnier de ses haines. Pour les satisfaire, il n'a jamais hésité ni devant une incohérence ni devant une contradiction.

Voulant atteindre ses adversaires, il ne s'est à nul moment préoccupé des conséquences de ses attaques.

Il a poursuivi Gambetta à propos de la question d'Egypte. Et il a ainsi contribué à l'abandon des intérêts français dans ce pays, où nous avons tant semé de notre substance nationale.

Il a traqué Jules Ferry au cours d'une lutte sans merci et risqué de nous faire abandonner l'Indo-Chine.

Il s'attaque maintenant aux manifestations du protectorat français des catholiques d'Orient, au risque de procurer les plus grands avantages à nos rivaux italiens, autrichiens et allemands.

C'est toujours le même jeu. Il crible de ses flèches empoisonnées l'adversaire du jour et c'est le pays qui en reçoit la blessure. Vieux sagittaire dont le dernier geste sera malfaisant.

(1) Voir page 41.

M. Clémenceau et Jules Ferry.

Qui ne se souvient des fameuses séances de la Chambre, au moment de l'affaire de Lang-Son : Jules Ferry faisant tête à l'orage habilement fomenté par M. Clémenceau et ses amis lors de la réception des nouvelles alarmiste du Tonkin, les attaques chaque jour plus acharnées, les interpellations plus virulentes, et, dominant le triste spectacle donné par un parlement sans caractère, M. Clémenceau, le masque grimaçant et la voix tranchante, désignant Ferry impassible et réclamant, comme aux jeux du cirque, le « pollice verso ». Mais le cabinet étant démissionnaire, M. Clémenceau n'a pas terminé sa besogne. En effet, on apprend que les mauvaises nouvelles sont dues au manque de sang-froid d'un officier général, puis arrivent des dépêches plus rassurantes, puis c'est l'acceptation de la Chine de signer la paix aux conditions posées par Jules Ferry. Alors M. Clémenceau, qui ne veut à aucun prix que son adversaire se relève, au mépris des intérêts évidents de la France achève de ruiner le crédit que l'ancien ministre pouvait encore obtenir du parlement et ne se déclare satisfait que lorsqu'il le voit définitivement abattu.

La direction et l'importance de notre politique en Orient.

Mais voyons d'abord quelle a été de tout temps la direction et l'importance de notre politique en Orient.

La France est la première nation européenne qui

d'après les capitulations ait eu le privilège de la protection des catholiques du Levant, sans distinction de nationalité.

Les divers traités passés depuis lors avec la Turquie ont reconnu à la France le droit de protéger les religieux dans tous les territoires soumis à l'autorité du sultan, et si, au cours des siècles, des transformations se sont accomplies dans cet état de choses, les différentes nations ayant eu à cœur de défendre elles-mêmes leurs nationaux, il n'en reste pas moins que nous avons pour nous la tradition.

Jamais cependant les bouleversements de la politique intérieure n'ont changé notre façon d'agir auprès des peuples qui pouvaient se prévaloir de l'amitié de notre pays. Le souci constant des gouvernements qui se sont succédé en France a été de maintenir notre tradition en Orient en dehors de nos luttes intérieures.

C'est sur cette constatation que M. Paul Deschanel basait l'éloquent appel qu'il adressait, en 1898, au bon sens et au patriotisme de la Chambre :

« Ah ! messieurs, disait-il, si au seizième siècle, alors que la foi religieuse était si profonde, nos rois, nos évêques, n'hésitaient pas à traiter avec les Turcs, avec ceux qu'on appelait alors les infidèles, les païens, et que leurs devanciers et leurs ancêtres n'avaient pas cessé de combattre ; s'ils n'hésitaient pas à faire ce que leur adversaire Charles-Quint appelait « l'alliance impie et monstrueuse du Croissant et des fleurs de lys », et cela afin de créer un contrepoids à la maison d'Autriche à l'autre bout de l'Europe, afin de ne pas nous laisser couper la Méditerranée et d'assurer nos communications avec l'Orient, et si, au siècle suivant, Richelieu, Mazarin, tout cardinaux qu'ils étaient, soutenaient les protestants d'Allemagne, pour maintenir l'équilibre de l'Europe, serait-il possible que nous, fils de la Révolution, nous eussions moins de liberté, de largeur, d'ouverture d'esprit que nos pères, et que nous fussions incapables de nous élever un instant au-dessus des passions qui nous divisent, pour sauvegarder les résultats de leur grande et habile politique. (1) »

Aussi bien n'est-il pas utile ici de justifier l'intérêt de notre protectorat en Orient. Personne n'oserait le contester. Ce qu'on conteste parfois, c'est la nécessité de le garder dans sa forme traditionnelle et le danger d'y apporter les préoccupations de notre politique intérieure. C'est à ces prétentions que M. Paul Deschanel répondait le même jour en ces termes :

«   .   .   .   .

.   .   .   .

L'Orient est resté le pays de la tradition par excellence; il a gardé, à travers les siècles, son caractère indélébile; et l'un des traits essentiels de cé caractère, c'est le mélange, la confusion des choses religieuses avec les affaires civiles. La politique — je pourrais presque dire la police — et la religion ne font qu'un. Les peuples orientaux sont agrégés les uns aux autres, non pas comme nous, par la géographie, la politique ou l'administration, mais par leurs cultes, par leurs rites; ils font corps

(1) *Officiel* du 29 février 1888, page 659.

par communions, par confessions religieuses ; ils n'ont d'autres patriciats que leurs clergés. Aussi n'ont-ils jamais eu aucune idée de la longue querelle qui se poursuit, à travers toute l'histoire de l'Occident, entre l'État et l'Église . . . (1). »

Sur ces données précises, le protectorat des intérêts catholiques en Orient ne pouvait rencontrer d'obstacles au cours des xvie, xviie et xviiie siècles ; mais il risquait d'être gêné par l'évolution des idées qui se développèrent ensuite. Or il est remarquable de constater qu'il ne souffrit pas de l'extraordinaire mêlée d'idées et d'événements qui marquèrent cette époque.

Le protectorat français des intérêts catholiques en Orient ne fut point entravé par la tourmente révolutionnaire.

La Révolution française et le protectorat en Orient.

En 1792, le gouvernement recommande au citoyen Descouches, envoyé extraordinaire de la République à Constantinople, de suivre, au point de vue religieux, la politique traditionnelle de l'ancienne monarchie. (*Le protectorat français en Orient*, de Pelissier du Ransas.)

« A l'égard, disent les instructions, des prérogatives attachées aux fonctions d'ambassadeur de France, relativement à la religion et à la qualité des protecteurs du culte chrétien dont nos ambassadeurs ont toujours été investis, le citoyen Descouches, sans attacher trop d'importance à ces pré-

(1) *Officiel* du 29 février 1888, page 659.

rogatives, n'en conservera pas moins tous les droits qui lui sont attribués, ne fût-ce que pour entretenir la considération dont les ministres de France ont joui jusqu'ici. Au reste, l'envoyé extraordinaire trouvera dans les capitulations qui lui ont été remises les bases principales qui doivent à cet égard régler la marche de sa conduite (1). »

En 1793, le Comité de Salut public envoie des ordres aussi formels au citoyen Lemonville, nommé ambassadeur de la République auprès de la Porte : « Le citoyen Lemonville fera voir au gouvernement ottoman que nos anciennes liaisons ne tenaient pas à ce que la France eût une forme de gouvernement monarchique plutôt que tout autre; que ces liaisons étaient fondées sur l'intérêt réciproque des deux nations. La forme du gouvernement a changé; les rapports de cette espèce, établis par la nature elle-même, sont au-dessus des variations de gouvernement. »

A dire vrai, il y eut en Palestine des mesures prises qui ne concordaient pas avec les instructions du gouvernement. Ainsi, au commencement de 1793, on saisit et inventoria les biens des Lazaristes. Mais ces mesures contradictoires furent le résultat d'une agitation locale, entretenue par des agents qui espéraient voir l'Autriche prendre le protectorat des intérêts catholiques. Les ordres de Paris n'étaient pas toujours respectés, parce que l'envoyé de la République était débordé par les éléments de désordre. En tout cas, jamais le protec-

______

(1) Archives, Aff. étrangères, t. CLXXXIV, page 151.

torat des intérêts catholiques ne fut cédé à une puissance rivale. La France en resta constamment titulaire et n'avait jamais cessé de le posséder quand la paix de 1802 avec la Turquie remit en vigueur les capitulations.

Le congrès de Berlin.

Le Congrès de Berlin envisagea officiellement la question du protectorat catholique. Elle la résolut dans l'article 62 du traité du 13 juillet 1878, dont le dernier alinéa est ainsi conçu :

« Les droits acquis à la France sont expressément réservés et il est bien entendu qu'aucune atteinte ne saurait être portée au *statu quo* dans les lieux saints. »

Cette disposition consacre bien la reconnaissance par les puissances européennes des droits de la France à la protection des intérêts catholiques.

Dès lors, notre protectorat prenait un caractère nouveau, il devenait un titre légalement reconnu, qui était compté à la France dans l'actif de la répartition. Le laisser périmer par une inaction volontaire serait maintenant coupable et sans excuse.

M. Delcassé déclarait à la Chambre des députés, le 11 juillet 1898, que, « résolu à assumer toutes les obligations du protectorat des intérêts catholiques, il entendait également, sans idée vexatoire, ou même simplement désobligeante envers qui que ce soit, maintenir tous les droits, droits formellement reconnus et réservés par l'Europe elle-même au congrès de Berlin ». Il renouvelait cette affirmation le 23 janvier 1899.

M. Delcassé, conformément aux paroles prononcées au Parlement, envoyait, en 1898, à nos représentants dans l'empire ottoman, des ordres très précis pour résoudre selon nos intérêts la question de l'escalier de la grotte de Bethléem. En 1900, il leur demandait de faire rendre aux catholiques les droits qu'ils possédaient sur l'église du Saint-Sépulcre et qu'ils avaient perdus dans des troubles violents. En 1901, il leur prescrivait d'obtenir du gouvernement les décrets nécessaires pour la reconnaissance d'un certain nombre d'établissements religieux nouveaux et pour l'investiture du patriarche chaldéen.

Dans ces quinze dernières années, l'anticléricalisme a tenu une grande place dans notre politique intérieure. On pouvait craindre que des militants particulièrement entreprenants ne fussent tentés d'apporter dans notre politique extérieure un dogmatisme systématique et une assimilation hâtive et dangereuse. Allait-on voir notre diplomatie traditionnelle bouleversée par ces préoccupations? Est-ce que la séparation des Églises et de l'État intervenue en 1905 allait être invoquée pour modifier l'état de choses existant?

Fort heureusement il n'en a rien été. Malgré des suggestions évidentes, les ministres radicaux qui se sont succédé depuis 1900 n'ont jamais consenti que l'anticléricalisme fût exporté en Orient et vînt compromettre le développement séculaire de notre influence.

A dire vrai, aucune question diplomatique importante ne s'est posée depuis en ce qui concerne le protectorat des intérêts catholiques en Palestine.

Le département des affaires étrangères n'a pas eu à intervenir pour défendre des droits qui sont aujourd'hui indiscutés. Notre action extérieure s'est bornée à des démonstrations de puissances ou des manifestations de courtoisie, dont notre marine a été chargée d'assurer l'efficacité. Aussi dans les eaux ottomanes notre flotte a été constamment chargée d'affirmer le prestige du pavillon français auprès des autorités locales, des organisations religieuses et des populations catholiques. Nos plus puissantes unités, qui sont une parcelle du territoire national, ont constamment symbolisé aux rives de l'Asie la séculaire vigilance de la France.

A ce point de vue, notre politique extérieure en Orient qui s'est surtout manifestée par des démonstrations navales, est intéressantes à rappeler, d'abord dans les années de lutte qui ont précédé la loi de séparation, et ensuite dans les années d'organisation et d'adaptation qui l'ont immédiatement suivie.

NOTRE ATTITUDE EN ORIENT

DANS LES ANNÉES QUI ONT PRÉCÉDÉ LA SÉPARATION

Ministère Waldeck-Rousseau.

On sait dans quelles conditions le ministère Waldeck-Rousseau fut formé, et que son arrivée au pouvoir marque une orientation définitive de la politique à gauche. Il en vint rapidement à envisager la nécessité d'une réglementation des congrégations en France. En appliquant à notre diplomatie orientale des principes analogues, il pouvait être amené à envisager la modification ou peut-être la suppression de notre protectorat des intérêts catholiques en Orient. Il n'en fut rien, et Waldeck-Rousseau, s'inspirant des traditions léguées par Gambetta, se garda de faire une analogie aussi simpliste et de compromettre sans utilité l'influence française. De 1899 à 1907, le gouvernement se préoccupa d'assurer le prestige continu de la France.

C'est ainsi que dans plusieurs rapports adressés à M. de Lanessan, alors ministre de la Marine, le vice-amiral Fournier, commandant en chef l'escadre de la Méditerranée, rendait compte des excellentes relations qu'il entretenait en Orient avec les autorités religieuses.

Il écrit de Beyrouth, le 7 novembre 1899, qu'il s'apprête à recevoir le patriarche maronite, que « son intention est d'appareiller pour Jaffa... et de se rendre à Jérusalem ». Le 11, il écrit qu'il a reçu la visite du patriarche grec catholique, de tous les évèques, des délégués apostoliques et de l'archevèque de Beyrouth, qu'il se propose de faire une visite officielle aux établissements de Jérusalem et qu'il « espère pouvoir donner à cette visite tout l'éclat qu'elle comporte, selon le désir exprimé par le ministre des affaires étrangères ».

Il informe également les ministres que « la visite de l'escadre à Beyrouth laissera une trace profonde dans le souvenir de cette population si attachée à la France et qu'elle aura ainsi atteint le but qui avait motivé sa mission en Syrie ».

Cela indique clairement que l'amiral Fournier avait pleins pouvoirs et la complète approbation du gouvernement. Son interprétation des instructions données a paru bonne, puisqu'il n'a pas reçu de contre-ordre et qu'il pouvait, le 24 novembre, envoyer de Smyrne le rapport suivant :

Rapport de l'amiral Fournier.

« Notre consul général avait envoyé au-devant de moi le chancelier du consulat; en arrivant à Jérusalem, je le trouvai lui-même, m'attendant, entouré de tous les supérieurs des établissements religieux français, du vicaire custodial, des vicaires généraux grecs et arméniens catholiques, venus pour me souhaiter la bienvenue. Seul, le patriarche de Jérusalem, Mgr Piavi, ne s'était pas fait représenter. Le commandant des troupes, le général Izzet Pacha, avait eu la gracieuseté de me fournir une escorte de gendarmes à cheval qui accompagna le cortège des vingt-deux voitures dans lesquelles avaient pris place les officiers de la mission jusqu'à la porte de Jaffa, où m'attendait le détachement.

« C'est précédé de tous les cawass, des consulats généraux de Jérusalem, ayant à mes côtés notre consul général en grande tenue, son personnel et l'amiral Roustan, que je me suis rendu directement, suivant l'usage, au Saint-Sépulcre, suivi de toute la mission et du détachement marchant au pas, en rangs, sac au dos, au milieu d'une foule compacte profondément impressionnée par la vue de nos uniformes et la belle tenue militaire de nos marins. Tous les établissements français avaient arboré les couleurs nationales, et les cloches du Saint-Sépulcre sonnaient, honneur exceptionnel réservé généralement aux visites des souverains; les écoles de filles et de garçons, conduites par les frères et les sœurs de la Doctrine chrétienne, entouraient la basilique où, quelques instants après, le R. P. Urbain, vicaire custodial, me souhaitait la bienvenue en termes aussi éloquents que patriotiques à l'adresse de la France, du gouvernement et de la marine française.

« A 11 heures, nous regagnions le couvent des franciscains de Cazanova, où la tradition veut que logent les missions officielles, tandis que nos hommes étaient conduits au magnifique établissement de Notre-Dame de France, dirigé par les Pères assomptionnistes, qui leur firent l'accueil le plus empressé et le plus chaleureux.

« J'ai rendu visite dans l'après-midi, accompagné de notre consul général, de tous les commandants et des officiers de mon état-major, au gouverneur civil, Son Excellence Tewfik Bey, à Son Excellence le général Izzet Pacha, au R. P. Custode des Lieux Saints, le P. Aurellio d'Abuja, et enfin à Mgr Piavi, patriarche latin de Jérusalem.

« Vous n'ignorez pas, Monsieur le Ministre, la sourde hostilité que manifeste à l'égard de la France ce prélat italien, dont les menées ténébreuses s'exercent ici contre notre influence. Comme auparavant à Beyrouth, alors qu'il était délégué apostolique du Saint-Siège en Syrie, contrairement à ce qu'avait fait Mgr Hoyck, patriarche du Liban, qui malgré son mauvais état de santé n'avait pas hésité à quitter son palais d'Eden, pour venir saluer en ma personne, après un voyage long et pénible de six jours, le représentant du gouvernement français; Mgr Piavi ne m'a même pas fait souhaiter la bienvenue à mon arrivée à Jérusalem par un de ses vicaires, alors que tous les représentants des ordres religieux placés sous sa dominance avaient tenu à le faire. Je n'ai manqué, au cours de l'entretien très froid que j'ai eu avec lui, de m'appesantir sur la satisfaction que m'avait justement causée de la part de ces derniers ce témoignage de déférence et de respectueuse sympathie vis-à-vis du chef de la mission française, dont la visite à Jérusalem avait pour but d'être utile aux intérêts dont précisément Sa Béatitude avait la charge. Je vis, à son air embarrassé, qu'il ne se méprenait pas sur le contraste discret que je tenais ainsi à établir entre son attitude et celle du clergé et des religieux de Jérusalem, et quand, m'accompagnant jusqu'à sa porte, au moment de mon départ, il voulut balbutier quelques protestations de dévouement pour la France, je m'inclinai sans répondre en prenant congé de lui. Je pense que la leçon a dû porter, car le surlendemain de ma visite il se faisait représenter par un de ses vicaires à la messe dite à Sainte-Anne, chez les Pères blancs, qui occupent, comme vous le savez, la concession française de Jérusalem.

« Notre consul général ne m'a pas caché que l'assistance prêtée à nos ordres religieux par Mˢʳ Piavi était plus illusoire que réelle et que toutes ses sympathies allaient aux adversaires de notre politique. Il est donc profondément regrettable que notre diplomatie n'ait pu réussir à empêcher la nomination de ce patriarche à Jérusalem, où nous avons de si grands intérêts moraux et matériels, et il serait vivement à souhaiter que la ligne de conduite hostile à la France que poursuit systématiquement ce prélat, antipathique d'ailleurs à tout le monde depuis son arrivée en Syrie, pût être modifiée par un avertissement venu de Rome et réclamé au nom de notre protectorat religieux en Palestine...

« Suivant la coutume, j'ai fait saluer par le chef d'état-major de la deuxième division le patriarche grec orthodoxe et le patriarche arménien schismatique; ces prélats ont été sensibles à cette marque de courtoisie et m'en ont fait remercier par leurs vicaires généraux.

« Le jeudi 16 a eu lieu à Sainte-Anne, chez les Pères blancs d'Afrique, une grand'messe solennelle pour la prospérité de notre pays. Les supérieurs des établissements français étaient présents, ainsi que la plupart de nos nationaux.

« Le samedi matin, je reprenais, avec la mission, la route de Jaffa. Toutes nos écoles s'étaient donné rendez-vous à la gare avec leurs musiques, ainsi que les religieux des établissements au grand complet. C'est au milieu des vivats nourris, et non sans une émotion partagée, que nous avons pris congé de ce personnel d'élite qui défend si vaillamment et avec tant d'abnégation la cause française en Palestine. . . . . »

Ainsi l'amiral n'oublie rien de ce qui pouvait intéresser son gouvernement : l'affectueux enthousiasme des populations, l'envoi difficile d'un détachement à Jérusalem, la prévenance des autorités turques, l'humeur d'un prélat italien qui voudrait secrètement renier notre influence, les relations véritablement amicales de nos officiers avec les religieux dévoués à notre cause, voilà un tableau saisissant de la situation en Orient, de la permanence de l'influence française et du prestige que notre pavillon n'a cessé d'exercer sur les populations de cette région.

Au besoin ces renseignements seraient complétés par les rapports parvenus à la rue Royale vers la même époque et qui tous concordent avec ceux de l'amiral Fournier, tels ceux du capitaine de frégate Jacquet, commandant le *Condor*, les 23 avril, 11 mai, 25 mai et 19 juillet 1900. Nous reproduisons ceux du capitaine de frégate Simon, commandant le *Cassard*, qui donnent de curieux détails.

**Curieux rapport du capitaine de frégate
Simon, 1900.**

. . . .

« En raison de l'heure à notre sortie du consulat, notre visite d'arrivée au Saint Sépulcre fut remise à l'après-midi. »

. . . .

« Le consul général estimait, en effet, que s'il était utile et nécessaire de rehausser le prestige de la mission par notre présence à ses côtés le plus souvent, notre politique aux lieux saints exigeait que toute manifestation de notre part cessât à la porte des sanctuaires, à cause du caractère schismatique des Abyssins. . . . . »

Ainsi nos agents diplomatiques poussent ordinairement le zèle jusqu'à ne pas fréquenter les schismatiques. Le journal de bord du *Cassard* porte la trace des déférences multiples de la nouvelle « mission. »

« . . . .

30 septembre. — Visite officielle de la mission au vali avec le consul général.

Messe consulaire à la custodie.

Présentation des officiers par le consul général au patriarche, au custode, aux Pères blancs et aux Frères dominicains.

2 octobre. — Les officiers font visite aux Frères des Écoles chrétiennes, aux Dames réparatrices et aux Sœurs de Saint-Vincent de Paul; pèlerinage de la mission à Bethléem.

3 octobre. — Visite au mont des Oliviers.

4 octobre. — Messe pontificale patronale des Franciscains à la custodie.

Les officiers font visite au pensionnat hors ville des Dames de Saint-Joseph, aux Pères de Sion et à l'hôpital français.

La mission ne sort pas.

5 octobre. — Les officiers font visite au patriarche maronite, aux patriarches catholique, grec, arménien et aux Dames de Sion.

Chemin de croix prêché en français.

La mission ne sort pas.

6 octobre. — La mission assiste à une représentation enfantine chez les sœurs de Saint-Vincent de Paul et est ensuite admise à visiter le trésor de la custodie.

7 octobre. — Messe solennelle patronale des Dominicains. La mission visite le Cénacle et le Mont Sion avec les Pères assomptionnistes.

8 octobre. — La mission part pour visiter Jéricho et le Jourdain avec les officiers. Quatre hommes demandés par M. Blanchart accompagnent seulement la mission dans cette coûteuse excursion. Le reste du détachement est confié à la garde des Pères assomptionnistes.

9 octobre. — La mission rentre dans la nuit à Jérusalem.

10 octobre. — Repos.

11 octobre. — Excursion de la mission à Saint-Jean de la Montagne.

Réception de la mission au couvent de Saint-Jean des Franciscains et au couvent des Dames de Sion.

12 octobre. — Messe solennelle maronite en l'honneur de la Marine. Toute la mission y assiste et prend part à un déjeuner après la messe.

. . . . »

Nécessité de soutenir notre influence en Syrie.

Ces diverses manifestations répondent à une véritable nécessité, affirmée par ceux-là mêmes qui avaient la responsabilité de notre diplomatie en Orient. C'est ainsi que, dans une lettre adressée de Constantinople au contre-amiral Gaillard, alors sur les côtes de Syrie, M. Constans précisait la nécessité de soutenir notre influence dans cette région.

Lettre de M. Constans au contre-amiral Gaillard.

« Si j'ai demandé au gouvernement, disait-il, de montrer cette année notre pavillon sur les côtes de Syrie, c'est que dans ce pays, qui naguère ne connaissait pas d'influence étrangère au dehors de la nôtre, la Russie et l'Allemagne ont, dans ces derniers temps, mené une propagande dont les effets pourraient à la longue devenir désastreux pour nous; il importe de faire voir que nous ne fermons pas les yeux sur la concurrence active de nos rivaux et que nous n'entendons pas abandonner sans lutte nos anciennes positions.

« Chaque année des bâtiments de guerre étrangers visitent des ports de Syrie; il est de notre devoir de montrer aux indigènes que notre Marine n'oublie pas de son côté le chemin de ce pays, et que la force dont on pourrait disposer à l'occasion n'est pas inférieure à celle de nos rivaux. »

L'amiral Gaillard ne manqua pas de faire son profit de ces observations judicieuses. Il put constater que les appréhensions de l'ambassadeur n'étaient que trop justifiées. C'est ainsi qu'il écrivait, à la date du 23 février 1901 :

Rapport de l'amiral Gaillard

« *A bord du « Pothuau » à Kaïfa,
le 23 février 1901.*

Le Contre-Amiral Gaillard, commandant
l'escadre légère,

à Monsieur le Ministre de la Marine.

« . . . .
. . . .

Nos concurrents enseignent encore le français à leurs élèves, mais plutôt pour la forme et dans la crainte que la brusque suppression d'un usage aussi ancien ne soit nuisible à leurs intérêts.

« Mais il est facile de se rendre compte que ce n'est là qu'une mesure transitoire.

« L'heure viendra bientôt peut-être où, seule, la langue des maîtres sera admise, et notre souvenir aurait alors vite fait de disparaître chez les nouvelles générations.

« Les Allemands, en Caramanie et dans le nord de la Syrie, ne cherchent pas, m'a-t-on dit, à faire de propagande religieuse, mais ils travaillent activement à asseoir leur prépondérance par le commerce et l'industrie.

« Leurs commis voyageurs inondent le pays, répandant surtout les tissus à bon marché et les outils agricoles pendant que leur grande industrie de tapis d'Orfin fabrique aujourd'hui en quantité considérable des produits très appréciés et d'un prix modéré.

. . . .

« Les Saléziens, les sœurs de Saint-Joseph de l'Apparition, les Frères des Ecoles chrétiennes y ont des établissements misérables. Il serait de bonne politique de manifester notre influence en faisant aboutir les demandes d'autorisation qu'ils ont sollicitées pour faire bâtir des locaux plus convenables et que Constantinople laisse après sans réponse.

« Le bruit court parmi les ordres religieux que cette mauvaise volonté serait le résultat d'une promesse faite par le sultan à l'empereur d'Allemagne de ne plus accorder de firman de construction à des congrégations françaises.

« On dit en effet que l'empereur a été frappé pendant son voyage du nombre de maisons qui s'abritent sous notre pavillon. . . . . »

Ce rapport intéressant montre l'utilité pratique des missions dont nos officiers sont chargés en Orient. Ils collaborent efficacement, avec nos représentants consulaires, à discerner les efforts constants de nos concurrents et à signaler les dangers qui en résultent pour l'influence française. Notre flotte et nos équipages produisent sur les populations une impression profonde. Ils leur révèlent à la fois notre puissance et l'intérêt que nous portons aux choses de l'Orient. L'hospitalité qu'on réserve aux marins est particulièrement cordiale, et la sympathie rapidement échangée provoque les confidences et les aveux.

D'aussi profitables résultats ne pouvaient manquer de retenir l'attention des hommes qui étaient alors au pouvoir. Aussi le ministère Waldeck-Rousseau avait compris la nécessité de continuer notre diplomatie traditionnelle, il n'avait jamais un seul instant envisagé la possibilité de la modifier sous l'influence des vicissitudes intérieures; et il a constamment vu dans notre marine l'instrument tout désigné pour manifester notre puissance et notre intérêt aux populations catholiques de l'Orient.

Attitude des anticléricaux.

Aussi bien les anticléricaux les plus intransigeants ne pensèrent jamais à prendre sérieusement texte de cette attitude pour attaquer un ministère présidé par Waldeck-Rousseau, vice-présidé par M. Monis, et qui comprenait des républicains non moins éprouvés, tels que MM. Delcassé, de Lanessan et Millerand. La politique extérieure, dont le conseil tout entier avait la responsabilité, était au moins discutée avec un clair bon sens et une parfaite bonne foi.

Ministère Combes.

Avec l'arrivée au pouvoir du ministère Combes, la question religieuse entra dans une nouvelle phase. L'action anticléricale fut dirigée non plus contre les congrégations, mais contre l'influence catholique romaine elle-même résultant de l'enseignement congréganiste. On pouvait s'attendre à ce que cette politique affectât le protectorat que la France exerçait sur les établissements d'Orient et vînt modifier son attitude à leur égard. Or le compte rendu des missions accomplies à cette époque par nos escadres montre qu'il n'en fut rien. Quelques exemples en font foi.

Journal de bord du contre-amiral Boutet.

Le contre-amiral Boutet, commandant le *Bouvet*, portait sur son journal de bord :

« 1ᵉʳ juin 1903. — Mouillage du *Gaidaro*.

Onze heures, visite d'un évêque catholique (treize coups de canon).

14 juillet 1903, fête nationale. — Les bâtiments *Kaiser-Franz-Joseph* (autrichien) et *Minerva* (italien) prolongent leur séjour de deux jours pour pouvoir participer à notre fête nationale, ainsi qu'un stationnaire ottoman. Les officiers de la division assistent à la réception de la colonie française et à la messe traditionnelle à l'église de notre nation. »

L'amiral donnait, dans son rapport du 17 juillet, des détails concordants :

« FÊTE NATIONALE. — *Notre fête nationale a été célébrée à Smyrne avec un grand éclat. La division y a pris la part réglementaire (salves, pavois, etc...); ne pouvant, faute de matériel électrique suffisant, procéder le soir à des illuminations, elle les a remplacées, autant qu'elle l'a pu, en exécutant des projections électriques et en consommant quelques artifices choisis de préférence parmi les plus anciens.*

« Les navires de guerre présents sur rade se sont associés avec empressement à cette démonstration : c'étaient le croiseur autrichien *Kaiser-Franz Joseph*, le contre-torpilleur italien *Minerva* (parti pour la Sude le lendemain matin, après avoir aimablement prolongé de deux jours sa relâche à Smyrne, afin de prendre part à notre fête) et le stationnaire ottoman *Sureya* ; bien qu'armé, ce dernier n'a été en mesure de hisser que le petit pavois, et encore grâce au prêt que nous lui avons fait d'un pavillon français.

« A terre, les quais et les principales rues étaient pavoisés et illuminés de façon à donner l'impression d'une ville française en fête. Il en est toujours ainsi, paraît-il, par une sorte de privilège dont, seule parmi les grandes puissances, la France se trouverait jouir à Smyrne.

« J'ai assisté, avec une partie des officiers de la division, à la réception de la colonie française par le consul général, qui a eu lieu dans la matinée, après la cérémonie traditionnelle à l'église de notre nation.

. . . . »

Ces faits indiquent clairement que le respect des traditions locales avait un résultat particulièrement heureux. L'éclat de notre fête nationale, l'empressement des navires étrangers à s'y associer, déférence manifestée pour les pratiques du culte, tout cela frappait à la fois les populations protégées et leur donnait une haute idée de notre puissance, de notre intérêt et de notre courtoisie.

Des circonstances analogues se renouvelèrent d'ailleurs l'année suivante. Nous extrayons, en effet, le passage suivant d'un rapport que le vice-amiral Gourdon adressait de Smyrne au ministre de la marine, le 1er juin 1904 :

. . . .

Rapport du vice-amiral Gourdon.

« Sur l'avis de M. le consul général, j'ai rendu visite à Kirke (Liban) au patriarche maronite, Mgr Hoyeck, qui représente, sinon le pouvoir administratif, au moins l'influence réelle qui se fait sentir dans tout le Liban, dont le gouvernement français garantit l'autonomie. J'ai reçu pendant ce voyage de nombreuses marques de reconnaissance de la part du patriarche, des autorités locales et des bâtiments. »

Comment le cabinet Combes, dont la politique anticléricale s'accentuait de jour en jour, a-t-il apprécié cette manifestation extérieure ? L'a-t-il blâmée ? La preuve du contraire résulte de la lettre que M. Pelletan envoyait à l'amiral Gourdon le 12 juillet 1904 et qui était ainsi conçue :

Lettre de M. Pelletan à l'amiral Gourdon.

« Je m'empresse de vous informer que je communique au ministre des affaires étrangères votre intéressant rapport du 4 juillet sur la seconde partie de la tournée de l'escadre de la Méditerranée dans le Levant. »

Cette correspondance montre clairement quelle

était l'opinion intime du gouvernement sur notre protectorat d'Orient, au plus fort de la crise religieuse, au moment où les préoccupations d'anticléricalisme risquaient le plus gravement de modifier la tradition observée vis-à-vis des populations catholiques. Il ne se résout pas à critiquer les habitudes de courtoisie dont, à son grand honneur, notre marine ne s'est jamais départie. Ainsi le souci inévitable de la grandeur française tenait, dans une réserve nécessaire M. Combes et M. Pelletan qui incarnaient alors l'anticléricalisme le plus énergique et le plus agissant.

Personne aujourd'hui n'espérerait, ni surtout ne désirerait leur enlever un record désormais imbattable. Pourquoi des hommes dont l'ambition est autre se préoccuperaient-ils dès lors de les dépasser dans la laïcisation de notre politique extérieure ? Un pareil soin serait inutile pour eux, en même temps qu'il serait préjudiciable à la France.

Les années qui se sont écoulées de 1902 à 1905 furent profondément marquées par les polémiques religieuses ; des excès de zèle auraient pu, à la rigueur, s'expliquer. Mais quand toute l'agitation eut abouti à une situation nouvelle et désormais fixée, quand la laïcisation intégrale de l'action gouvernementale fut accomplie, alors notre protectorat des intérêts catholiques en Orient dut, de toute nécessité, prendre un caractère définitif. Les gouvernements au pouvoir après 1905 en prirent l'initiative et en gardent la responsabilité.

NOTRE ATTITUDE EN ORIENT

DANS LES ANNÉES QUI ONT SUIVI LA SÉPARATION

Au moment où elle fut votée, la séparation des Églises et de l'État apparut à beaucoup comme l'aboutissement et le terme de la lutte anticléricale en France. Sans doute cette opinion était-elle prématurée. Au moins l'on peut dire que la loi de 1905 aboutit à une véritable laïcisation de l'action gouvernementale. Le gouvernement fut immédiatement tenu de révoquer une tradition millénaire et de rompre toute relation avec le Saint-Siège et avec toutes les organisations catholiques.

A l'intérieur, le problème n'alla pas sans quelques difficultés. A l'extérieur il ne fut pas moins complexe.

Ministère Clémenceau.

Cette tâche fut tout entière accomplie par le ministère Clémenceau qui montra naturellement beaucoup d'habileté et de souplesse. De toutes les questions extérieures, celles du protectorat d'Orient était la plus délicate. Il fallait, à son égard, créer une jurisprudence nouvelle dont le gouvernement d'alors prit l'initiative et garde encore le mérite.

Son attitude dans la question du protectorat d'Orient.

La première attitude prise à cette occasion fut une excessive prudence. On se garda bien d'envoyer des instructions quelconques. C'eût été trop risquer !

Si bien que, comme par le passé, nos représentants prirent part officiellement à des cérémonies religieuses et en rendirent un compte fidèle au gouvernement.

Rapport du capitaine de frégate Frot à M. Thomson.

Quatorze mois après la constitution du cabinet, délai suffisant pour prendre, si on l'avait voulu, des dispositions nouvelles, le capitaine de frégate Frot, commandant le contre-torpilleur *Faucon*, pouvait envoyer du Pirée à M. Thomson un rapport daté du 20 janvier 1907 et dont suivent deux passages :

« ..... Le lundi 14 (1er janvier de la religion orthodoxe), je me rendais avec trois officiers, à 9 h. 1/2 du matin, à la légation de France pour accompagner M. le Ministre et le personnel de la légation au *Te Deum* royal à la cathédrale orthodoxe, puis au palais, où Leurs Majestés reçurent ensuite les ministres avec leur suite et les officiers des marines étrangères.

. . . .

« Le samedi 6, fête de l'Épiphanie, grande fête grecque, nous avons mis le grand pavois et salué de vingt et un coups de canon, à l'invitation de l'amiral grec, pendant la cérémonie de la bénédiction des eaux.

. . . . »,

Sous le ministère Clémenceau la marine française participait aux fêtes religieuses dans le Levant.

Il était utile de rappeler que, même sous l'administration de M. Clémenceau, la marine française célébrait les fêtes du rite orthodoxe dans le Levant, non moins d'ailleurs, les preuves suivront, que les fêtes du culte catholique. Ces faits rectifient l'erreur commise par M. Clémenceau lui-même qui écrivait dans L'*Homme Libre*, sur la foi du commandant Hautefeuille, que nos navires ne se sont jamais associés à une cérémonie de la religion orthodoxe.

D'autre part, l'assistance de nos bateaux allait jusqu'à transporter nos agents diplomatiques à des cérémonies religieuses. Un rapport envoyé de la Sude le 13 mai 1908 par le capitaine de vaisseau Jezequel en témoigne clairement :

Rapport du capitaine de frégate Jezequel.

« . . . . . \ . . . .

Le mercredi 6 mai, à 7 heures du matin, deux ministres et le consul de Sura, M. Robin, se sont embarqués à bord du *Faucon* et nous avons fait route aussitôt pour Timos, où nous avons mouillé à 8 h. 15, à 200 mètres environ de l'extrémité de la jetée est-ouest, à peu près dans l'alignement des candélabres de l'entrée du port.

. . . .

« En revenant du couvent, le ministre s'est arrêté à la grande église de Timos, lieu de pèlerinage très honoré dans le monde orthodoxe et où il a reçu le meilleur accueil.

. . . .

« Le gérant du consulat général m'a fait aussi savoir que bientôt aurait lieu l'inauguration de la nouvelle église catholique de Candie et qu'ayant été autorisé par le département des Affaires étrangères à y assister officiellement, il me demandait à prendre passage sur le *Faucon* pour se rendre à Candie. »

Le capitaine de vaisseau Jezequel note à son journal de bord :

« Départ de la Sude pour Candie, pour assister à l'inauguration.

« Le *Faucon* a quitté la Sude le mercredi 10 juin, à 6 heures 45 du matin, pour conduire à Candie, à l'occasion de l'inauguration de la nouvelle église catholique, le consul général de France et ses invités : le colonel commandant supérieur des troupes internationales, deux capucins, un Frère de la Doctrine chrétienne et deux Sœurs de Saint-Joseph de l'Apparition.

« Le consul général et ses invités sont descendus à terre peu après. L'agent consulaire m'a fait alors sa visite officielle ; nous l'avons salué à son départ de cinq coups de canon.

« Le jeudi 11 juin, à 9 heures du matin, a eu lieu la cérémonie de l'inauguration de la nouvelle église catholique de Candie.

« A la demande du consul général, le *Faucon* avait envoyé à l'église un piquet d'honneur en armes commandé par un enseigne de vaisseau. Les troupes anglaises et crétoise étaient aussi représentées par des détachements armés.

« A 10 heures 30 (c'est vraisemblablement l'heure

de l'élévation) le pavillon national a été arboré sur l'église et le *Faucon* a fait en ce moment, ainsi que l'avait demandé le consul général, un salut de vingt et un coups de canon.

« Après la cérémonie, le consul général, le colonel et moi, nous avons été retenus à déjeuner par le délégué apostolique et les capucins qui ont été aussi aimables que possible et ont témoigné au consul général toute leur reconnaissance pour la brillante protection que leur donne notre pays.

. . . .

« Le dimanche 7 juin, je me suis rendu, sur l'invitation de notre consul général, à la messe consulaire célébrée, à 10 heures du matin, à l'église catholique de la Canée, à l'occasion de la fête de la Pentecôte. »

. . . .

Ces extraits d'un rapport du 13 novembre 1908 ne sont pas moins suggestifs :

. . . .

Le 1er novembre, à l'occasion de la Toussaint, j'ai assisté, en compagnie de trois officiers, à la messe consulaire traditionnelle.

« Le 3 novembre, une messe a été célébrée à la chapelle du cimetière catholique de la Canée, pour le repos des militaires et marins internationaux morts en Crète ; cette messe a été suivie de la bénédiction des tombes.

« Tous les consuls et toutes les autorités civiles et militaires ont assisté à cette cérémonie religieuse, à laquelle divers contingents internationaux et les stationnaires s'étaient fait représenter par une délégation. »

Il eût été étrange, en vérité, que seuls, parmi « les marins internationaux », les marins français eussent manqué, et que nous ayons compromis par notre abstention les intérêts essentiels dont nous avons pris la charge. A ce désavantage certain, notre absence aurait ajouté une grave incorrection. Il faut souvent se régler sur son voisin et trop souvent l'isolement splendide est vain et dangereux. D'ailleurs les relations cordiales amènent l'échange de bons offices. Ainsi l'amiral Pivet pouvait écrire le 3 mai 1909 :

« Je viens d'être informé d'autre part, par le commandant du *Triumph*, actuellement mouillé à Souadieh, qu'il a fait une visite aux capucins de Niodorber et qu'ils vont bien.

« Je donne l'ordre au commandant du *Jules-Michelet* d'aller passer la journée de demain devant Souadieh et de revenir mouiller le soir devant Bazit, après avoir visité lui-même les chrétiens réfugiés à Souadieh. »

Incident Giannini. Rappport de l'amiral Pivet, 30 juin 1909.

L'initiative ne se borne pas à ces marques de courtoisie habituelle. Quand il s'agit de maintenir nos prérogatives, nos officiers et nos agents diplomatiques, sûrs de l'appui du gouvernement, savent également se montrer fermes à l'égard des puissances étrangères. En 1909 se place l'incident Giannini; l'amiral Pivet n'hésitait pas à défendre nos droits exclusifs et à rendre compte dans un rapport du 30 juin :

« *Mersina, le 3o juin 1909.*

« . . . .

Ainsi que je vous l'ai fait savoir dans ma lettre du 15 juin, l'*Aretusa* a fait du 2 au 13 juin tout le tour du golfe d'Alexandrette, ayant à son bord Mᵍʳ Giannini, délégué apostolique, qui se proposait d'aller visiter les diverses missions catholiques de la côte et d'apporter quelques secours pécuniaires aux chrétiens victimes. A son retour à Beyrouth, l'*Aretusa*, débarquant Mᵍʳ Giannini, l'avait salué de quinze coups de canon, pavillon italien en tête de mât.

« Partant le lendemain de Beyrouth, je n'ai pas eu l'occasion de faire au commandant italien, M. le capitaine de frégate Heroldo Basso, l'observation que comportait cette infraction au privilège que les capitulations donnent à la France, mais je signalais le fait à M. Fouques-Duparc, notre consul général à Beyrouth.

« Aujourd'hui, en recevant la visite du commandant Basso, je n'ai pas manqué de le lui rappeler, et il s'en est défendu fort mal, à la vérité, en me disant qu'il n'avait fait que suivre l'exemple donné à Alexandrette par son supérieur, M. le capitaine de vaisseau Manzi, commandant du *Francesco-Ferruccio*.

« Vous apprécierez, Monsieur le Ministre, s'il y a lieu de porter ces faits à la connaissance du département des affaires étrangères, dont les agents dans le Levant attachent à ces infractions voulues et réfléchies une réelle importance... »

Cette protestation fut instruite comme il convenaît par le cabinet Clémenceau. Le troisième ministère Briand en récolta les fruits. Le 10 mars 1913, le contre-amiral Dartige du Fournet écrivait : « Mᵉ Giannini a saisi cette occasion pour prononcer un discours dans lequel il blâmait ses compatriotes en rappelant que « la catholicité ne peut avoir en Orient qu'un protectorat unique, sous peine de perdre toute protection pratique, et que ce protectorat est et reste le patrimoine séculaire de la France. »

La diplomatie de M. Clémenceau et l'incident Giannini.

Ainsi la diplomatie de M. Clémenceau aboutit à ce prodige de faire reconnaître solennellement notre protectorat catholique au prélat qui en est le plus jaloux.

D'ailleurs l'intelligente activité de l'amiral Pivet se dépensait au cours de sa mission. Dans un rapport du 15 juin 1904, il citait *in extenso* une lettre qui lui avait été adressée le 25 mai par M. Gueyrand, notre consul général à Jérusalem. Certains passages corroboraient parfaitement l'attitude de nos marins.

Lettre du consul général à Jérusalem à l'amiral Pivet.

« En ce qui concerne la relâche de nos bâtiments à Jaffa, écrivait M. Gueyrand, je partage absolument votre sentiment qu'il y aurait grand intérêt à montrer les couleurs françaises sur les côtes de Palestine, et je n'ai pas manqué de le dire à plusicurs reprises, tant au département des affaires étrangères qu'à l'ambassade.

Importance attachée par les indigènes à la visite de nos bâtiments dans les ports du Levant.

« Voici, du reste, ce que j'ai télégraphié le 10 de ce mois et paraphrasé par le courrier du 14, en rendant compte de la visite des marins du *Piemonte*; j'estime nécessaire que l'équipage d'au moins un de nos croiseurs, que tout le monde sait dans le voisinage, vienne à son tour passer au moins trente-six heures dans la ville sainte avant de rallier la France ; personne ici, catholiques, grecs, musulmans, juifs, ne s'expliquerait notre abstention, et, exploitée par nos rivaux, l'effet en serait déplorable.

« Je ne laisserai pas passer l'occasion d'insister, croyez-le bien, et même de recommander que tous nos bâtiments, successivement, s'arrêtent à Jaffa et envoient un détachement aussi nombreux que possible à Jérusalem.

« En effet, si jusqu'ici j'ai craint de demander trop, plus je vais, plus je constate la nécessité de montrer que la France est toujours la nation qui fait le mieux et le plus pour la protection des chrétiens du Levant.

« Je veux espérer que mes efforts, secondés par les vôtres, obtiendront le bon résultat que je considère si désirable pour le maintien de notre influence traditionnelle, objet de tant de convoitises et d'attaques sournoises. »

L'amiral écrivait peu après de Beyrouth :

« Avec l'aide de notre consul général, M. Fouques-

Duparc, je me suis efforcé de répondre à ces manifestations de sympathie en rendant personnellement toutes les visites qui m'avaient été faites et en entretenant les relations les plus cordiales tant avec les autorités civiles et militaires du pays qu'avec les autorités catholiques, non seulement de Beyrouth, mais même du Liban, car j'ai échangé des visites avec S. E. Youssouf Pacha, gouverneur du Liban ainsi qu'avec S. S. Mgr Hoyeck, patriarche maronite.

« De tous côtés j'ai reçu l'assurance que la vue, dans le Levant, du pavillon français porté par quatre de nos plus grands bâtiments avait produit une forte impression qui ne pouvait qu'être très profitable à l'influence française dans cette contrée. »

Rapport du capitaine de frégate Davelaz, 30 juin 1909.

Un rapport du 30 juin 1909, adressé par le capitaine de frégate Davelaz, commandant le contre-torpilleur *Faucon*, donne des détails très intéressants sur les visites officielles faites aux établissements catholiques :

« . . . .

… Le *Faucon* appareilla du Pirée le vendredi 18 juin pour Syra, où il s'amarra le même jour, à quatre heures du soir. Dès l'arrivée, M. de Manneville annonça ses visites, qui comprenaient, en dehors des établissements français (hôpital, secours de Saint-Joseph, Filles de la Charité), le préfet des Cyclades et l'évêque catholique.

« Le lendemain 19, à 7 heures du matin, nous partions pour Timos, où nous avions à voir l'évêque catholique et le célèbre établissement du Lutro où les Ursulines élèvent les futures femmes des diplomates, des hauts fonctionnaires et des députés influents de la Grèce. Le *Faucon* mouilla à 8 h. 1/2 entre les jetées. L'évêché et le pensionnat étant situés à l'intérieur de l'île, ces visites prirent toute la journée, avec déjeuner au couvent des Ursulines ; trois heures de mule, reçu un compliment, octroyé un jour de congé.

« A 5 h. 1/2 du soir, le *Faucon* reprenait la route de Syra, où il était amarré à 6 heures du soir.

. . . .

« Visite des établissements des Oblats et des Ursulines, deux compliments, deux jours de congé. Visite à l'archevêque, pasteur d'un troupeau qui compte plus de 150 catholiques. Appareillage à 2 heures du soir, mouillage à Santorin à 6 h. 1/2 du soir, dans des conditions peu brillantes. Le petit plateau de mouillage de 300 mètres était occupé déjà par deux trois-mâts, une goélette et un caïque ; pour arriver à se caser le *Faucon* dut mouiller sa deuxième ancre à 30 mètres de la première ancre et à l'accroc du banc.

« L'évêque était absent, la matinée du 22 fut consacrée exclusivement à la visite des établissements des Pères Lazaristes et des Filles de la Charité (deux compliments, deux jours de congé). Après un déjeuner chez les Pères, le chargé d'affaires se rendit avec M. Holleaux, l'attaché militaire et les officiers du *Faucon* aux ruines de Messa Vono : 5 heures de mulet. »

. . . .

Des détails aussi précis ne laissaient planer

aucun doute sur l'attitude traditionnelle et habituelle de nos représentants visitant les établissements catholiques. Ils sont accueillis comme des chefs, comme des inspecteurs, avec déférence. On leur adresse des compliments, et ils octroient des jours de congé.

La politique du ministère Clémenceau et le maintien de notre influence vis-à-vis des populations catholiques du Levant.

Arrêtons ici cette longue série de citations. Elle a suffi à montrer que sous le ministère Clémenceau, notre politique en Orient a constamment tendu au maintien de notre influence par des manifestations constantes d'intérêt et de courtoisie vis-à-vis des populations catholiques.

Si, au début, M. Clémenceau avait ignoré, et cette supposition est invraisemblable, le caractère et l'importance du protectorat français en Orient, l'œuvre même et les rapports de nos agents l'auraient rapidement édifié. C'est par un défaut de mémoire infiniment regrettable qu'il est amené aujourd'hui à nier les faits dont il garde la responsabilité.

Dépêche de M. Picard, second ministre de la marine de M. Clémenceau, au commandant du « Jules-Michelet ».

En tout cas, au moment où ils furent connus du cabinet, ils ne parurent pas suspects. En effet, le 3 juillet 1909, M. Picard, collaborateur spécialement élu et visiblement inspiré par M. Clémenceau, signait le télégramme suivant :

> *« Paris, le 3 juillet 1909.*
>
> Marine à commandant *Jules-Michelet,*
> Port-Saïd.
>
> Ralliez amiral Pivet en relâchant Jaffa, Caïffa,
> Beyrouth, Tripoli.
>
> Pendant séjour Jaffa, pouvez autoriser officiers
> qui le désireraient se rendre à Jérusalem.
>
> *Dans ce cas, auriez à vous concerter avec le
> consul général pour agir de même façon que offi-
> ciers étrangers qui ont déjà fait ce voyage.*
>
> Accusez réception et indiquez date arrivée Jaffa
> pour que Affaires étrangères puissent prévenir
> consul général. »

En résumé, quoi qu'on prétende, le cabinet Clémenceau a appliqué ou adapté la loi de séparation
aux nécessités de la politique extérieure. Il a notamment arrêté la façon dont elle devait se conci-
lier avec notre diplomatie orientale.

Or des documents irréfutables qui viennent
d'être fournis, deux constatations ressortent.

**Le cabinet Clémenceau a voulu que nos bâtiments
s'associent aux fêtes religieuses.**

Le cabinet Clémenceau a compris la nécessité de
maintenir notre protectorat en Orient par un
intérêt témoigné aux œuvres catholiques et par une
déférence constante pour les manifestations du culte.

Il a accepté que les bâtiments de notre flotte
s'associent aux fêtes de trois cultes différents :
culte catholique, alors que le *Faucon* tire 21 coups
de canon à l'élévation de la messe de Candie; culte

orthodoxe, quand les équipages croisent dans les eaux grecques ; culte musulman, quand le *Faucon* (rapport du 23 avril 1907), tire 19 coups de canon pour le Baïran.

Le cabinet Clémenceau a violé la loi de séparation en réorganisant les cérémonies du culte à bord des bâtiments-écoles.

Nous avons vu jusqu'à présent comment, sous le ministère Clémenceau, le gouvernement s'est adapté aux nécessités de notre protectorat en Orient. Nous avons vu qu'il a accepté de poursuivre la politique de ses devanciers et ordonné à nos bâtiments de prendre part à toutes les cérémonies religieuses célébrées dans le Levant.

Nous allons voir maintenant qu'il a outrepassé les droits que lui conférait la loi de 1905, que, non content d'user dans la plus large mesure des facultés laissées par cette loi pour le bien de notre influence dans les pays soumis à notre protectorat, il est sorti de la légalité et a réorganisé les cérémonies du culte à bord des bâtiments ancrés dans les ports français, notamment pour le « *Borda* ».

Il ressort des documents suivants que, dès la suppression officielle (par décret du 6 février 1907) du corps des aumôniers de la marine, le gouvernement s'occupa de maintenir et de réglementer *les services religieux à bord.*

Rapport du commandant de l'École Navale.

Le 19 février 1907, dans un rapport réclamé par le ministère de la marine, le commandant de l'École navale déclarait :

« Le débarquement de l'aumônier ne permet plus d'assurer le service religieux aussi complètement que le prévoit le règlement de l'École. Il faut, notamment, supprimer les prières du matin et du soir, auxquelles assistaient les deux tiers des élèves.

« En dehors du service religieux, l'aumônier remplissait également auprès des élèves un rôle de conseiller paternel et de confident amical, qui n'était possible que par suite de sa présence permanente à bord, surtout le soir.

« Le service religieux qu'il est nécessaire d'assurer est le suivant :

Toutes les semaines :

Le dimanche, à 9 h. 15 du matin, messe.

Le lundi, de 6 heures à 6 h. 30 du soir, conférence religieuse.

Le vendredi, de 4 heures à 4 h. 15 du soir, accomplissement de devoirs religieux.

Le samedi, de 7 heures à 7 h. 45 du matin, même emploi.

Le premier vendredi de chaque mois :

La veille, de 4 heures à 4 h. 45 du soir, et le premier vendredi, de 7 heures à 7 h. 45 du matin, accomplissement de devoirs religieux.

Lettre du ministre de la Marine au préfet maritime de Brest.

Le 30 avril 1907, le ministre de la marine adressait la dépêche suivante au préfet maritime de Brest :

« Vous m'avez transmis, le 2 avril courant, une lettre par laquelle M. l'abbé Ménard, ancien aumônier de la marine, déclare consentir à assurer le service religieux du *Borda* et de la *Bretagne* (1), pourvu qu'il lui soit alloué, en sus de l'indemnité qui lui revient d'après le décret du 6 février 1907 (2), un supplément de 70 francs par mois.

« Ce supplément, sur la quotité duquel vous n'avez pas d'ailleurs exprimé d'avis, me paraît un peu élevé. Je vous prie, en conséquence, de vouloir bien examiner s'il ne serait pas possible de le réduire dans une certaine mesure et de vous entendre définitivement à ce sujet avec M Ménard. Vous aurez à me rendre compte de l'accord intervenu.

« J'approuve, d'autre part, le projet de réglementation du service du culte de l'École Navale et de l'École des mousses, que vous m'avez soumis par lettre du 17 avril.

« Toutefois les heures choisies pour la célébration de la messe les dimanches et jours de fête, sur le *Borda* et la *Bretagne*, me paraissent trop rapprochées. Il y aura peut-être lieu d'ailleurs d'avancer cette heure en ce qui concerne le *Borda*; cette question comme celle du maintien de la conférence religieuse ne seront définitivement réglées qu'après examen du nouveau règlement de l'École navale que je compte vous communiquer prochainement en projet. »

Rapport du préfet maritime au ministre de la Marine.

Le 1er septembre 1909, le vice-amiral de Ma-

---

(1) Vaisseau école pour les mousses.

(2) Décret supprimant le corps des aumôniers de la marine, aux termes duquel il leur était accordé une indemnité dont la quotité variait suivant le nombre d'années de services.

rolles, commandant en chef et préfet Maritime de Brest, écrivait au ministre de la marine :

« Le service religieux à l'École navale (*Borda*) et à l'École des mousses et apprentis (*Bretagne, Magellan*) a été jusqu'à ce jour assuré par un unique prêtre qui dessert en même temps les deux Écoles.

« Ce poste est actuellement occupé par l'abbé Ménard, ancien aumônier de la Marine.

« Chaque dimanche, après avoir officié à bord du *Borda*, il se rend à l'École des mousses. Alternativement il dit la messe à bord de l'un des deux bâtiments de cette École, dans une batterie où se groupent tous les jeunes gens qui veulent y assister.

« Chaque messe est suivie d'une instruction religieuse pour les assistants.

« Dans ces derniers temps, vu l'insuffisance de la place à bord de la *Bretagne*, le service religieux se faisait tous les dimanches dans une batterie plus vaste du *Magellan*, qui va devenir elle-même insuffisante, par suite du nombre considérable de jeunes gens qui vont être affectés à l'École.

. . . .

« Il est donc nécessaire de prévoir aujourd'hui une messe dite, à partir du 1er octobre, à bord de ces deux bâtiments. Or, l'abbé Ménard, seul, ne peut pas assurer les trois messes nécessaires, une au *Borda*, deux à l'École des mousses et apprentis, — ses pouvoirs ecclésiastiques étant limités à deux messes quotidiennes.

« Il a donc fallu songer à assurer convenablement ce service religieux, et, en conséquence, je me suis adressé à M. l'abbé Roull, curé de la paroisse de

Saint-Louis, qui est tout disposé à prêter le concours d'un de ses vicaires. . .. . »

Lettre du sous-secrétaire d'État à la Marine au préfet maritime de Brest.

Le 20 novembre 1909, M. le sous-secrétaire d'État à la marine écrivait dans une lettre adressée au préfet Maritime de Brest :

... « Il semble qu'il y aurait intérêt à préconiser les solutions suivantes :

1° Affecter l'abbé Lainard au service du *Borda* et confier le service religieux de l'hôpital et de la prison à un prêtre de la paroisse de Saint-Louis, qui recevrait la même somme que celle attribuée aujourd'hui à M. l'abbé Lainard, soit 1,620 francs. Cette rétribution paraît d'autant plus raisonnable qu'à Cherbourg le prêtre desservant l'hôpital reçoit une indemnité annuelle de 1,560 francs ;

2° Maintenir l'abbé Lainard dans son service à l'hôpital et à la prison et rechercher pour le *Borda,* comme on l'a fait pour le *Magellan* et le *Calédonien,* un prêtre auquel serait alloué une indemnité ne dépassant pas 1,200 francs. »

Le 7 décembre 1909, le préfet maritime, dans sa réponse au ministre de la Marine, disait :

« ... Toute notre attention doit être concentrée sur votre solution n° 1 qui aurait pour moi, tout d'abord, le grand avantage de confier le service religieux des élèves de l'École navale à un ancien aumônier de la Marine. Sa connaissance de la vie de bord, de l'existence des officiers, des équipages sur les bâtiments, ses idées personnelles pendant les entretiens avec ces jeunes gens sur ce qu'il a vu et remarqué au cours de ses différents voyages, seront d'un incontestable et très intéressant enseignement pour les élèves de notre École navale qu'il entretiendra de choses qu'il aura vécues et qu'ils seront à même de retrouver dès leur sortie de l'École; et je reste convaincu que, tant qu'on pourra avoir un ancien aumônier de la Flotte, c'est lui que la marine devra utiliser pour le *Borda*. »

On voit par ces divers documents de quelle façon le cabinet Clémenceau appliquait la loi de séparation! Des chicanes sur les allocations à donner, mais pas un scrupule, pas une hésitation devant la violation flagrante et méthodique de la loi!

M. Clémenceau manque de mémoire.

Le souvenir de ces agissements avait certainement échappé à M. Clémenceau, quand il écrivait dans l'*Homme libre*, au mois de septembre 1913 :

« La question est bien simple : Y a-t-il une loi de séparation de l'Église et de l'État qui dit que la République française ne connaît aucun culte ? Voilà toute l'affaire. S'il n'y en a pas, j'ai tort. S'il y en a une, il faut nous dire comment ce n'est pas reconnaître un culte que de célébrer des fêtes officiellement. »

Mais, de la part de M. Clémenceau, un tel oubli ne peut être que volontaire. Pour qui en douterait, il suffirait de rappeler d'abord qu'il a habituellement une mémoire remarquable, ensuite qu'il était de son intérêt de commettre cet oubli. Or nul n'ignore que pour M. Clémenceau l'intérêt personnel prime tout. Quand il a agi, que lui importe qu'on vienne, les preuves en main, lui démontrer qu'il a tort, qu'il a été plus loin que ceux qu'il accuse dans l'application d'une loi, qu'il a même violé cette loi. M. Clémenceau, après s'être fait un front qui ne rougit jamais, a su se façonner une conscience trop souple pour être gênante.

Ministère Briand.

Quand M. Briand, qui avait été l'artisan de la loi de séparation et qui avait largement collaboré à son application, prit la succession de M. Clémenceau, M. Pichon gardait le ministère des affaires étrangères et continuait la tradition qu'il y avait apportée de concert avec ce dernier.

Le nouveau cabinet fit connaître son opinion sur les missions accomplies au cours de l'année, en Orient, dans une lettre que le ministre de la Marine adressait, le 25 août 1909, à l'amiral Pivet et ainsi conçue :

Lettre du ministre de la marine.

« Par lettre du 25 août dernier, dont copie est ci-jointe, le ministre des affaires étrangères m'a prié de vous transmettre les remerciements de son département pour le concours efficace que vous avez prêté aux agents de la République au cours de la mission que vous avez remplie sur les côtes de Cilicie et de Syrie.

« Il m'est agréable d'avoir à porter à votre connaissance les appréciations élogieuses dont vous êtes l'objet de la part de M. Pichon et auxquelles je m'associe bien volontiers. »

« En outre, le 15 octobre 1909, l'amiral Boué de Lapeyrère donnait au vice-amiral, commandant en chef la 1re escadre, les instructions suivantes :

«... Au cours de ses relâches dans les ports de Syrie et d'Asie Mineure, le commandant de la 1re division légère devra, après entente avec nos consuls, visiter les établissements français qui s'y trouvent... »

Ministère Monis.

Le ministère Monis, venu aux affaires le 3 décembre 1910, ne vit qu'un printemps ; mais cette unique saison, si favorable à une croisière dans les eaux du Levant, fut largement mise à profit. On organisa une manifestation auprès des populations catholiques, pour laquelle tout fut prévu, et qui réussit à souhait.

Instructions données par M. Delcassé à l'amiral Dartige du Fournet.

Le 3 février, M. Delcassé, ministre de la marine, adressait les instructions suivantes à l'amiral Dartige du Fournet, commandant la division légère de la 1re escadre :

«... Vous profiterez de votre séjour à Jaffa pour faire à Jérusalem une visite officielle (la division ira attendre à Saint-Jean-d'Acre pendant votre absence).

« En dehors des officiers qui vous accompagneront, vous désignerez, pour vous escorter officiellement à Jérusalem, deux officiers supérieurs, trois officiers subalternes et trente officiers mariniers ou marins par bâtiment.

« Les officiers devront être en tenue et porter le sabre, les hommes seront sans armes, mais auront le ceinturon, les bretelles et cartouchières.

« Vous vous entendrez à l'avance avec notre consul général à Jérusalem, en particulier pour les cérémonies auxquelles vous aurez à assister et les visites que vous aurez à faire.

« Pour solder les dépenses occasionnées par ce voyage, vous aurez à vous faire remettre, avant de quitter Toulon, une somme de quatre mille francs à titre de fonds de prévoyance... »

C'était là une mission d'une particulière importance, dont l'amiral s'acquitta avec le plus grand zèle et rendit compte dans quatre rapports circonstanciés. Le 6 mars, il écrivait au ministre :

Rapport de l'amiral Dartige du Fournet.

« La journée du 3 mars a été employée tout entière en visites à l'archevêque de Smyrne, à l'hôpital français reconstruit récemment et inauguré depuis deux jours, siège de l'Alliance française, aux écoles diverses où l'on enseigne avec notre langue le respect et le culte de la France. Je citerai en première ligne :

« Les Lazaristes, avec 150 garçons de toute races et de toutes religions.

« Les Sœurs de la Providence (450 jeunes filles, dont plus de la moitié reçoivent l'instruction gratuite).

« Les Dames et Pères de Sion (clientèle de familles riches).

« Les Frères de la Doctrine chrétienne (écoles en

pleine prospérité ayant, autour de Smyrne et dans la ville, près de 5,000 élèves).

« L'Alliance israélite, très intéressante en raison du caractère essentiellement pratique de son enseignement.

« L'Alliance française, installée à l'ancien consulat, a une organisation très remarquable. Les salles de réunions, de conférences, de lecture, sa bibliothèque, ont une belle apparence, et la colonie française a le droit d'en être fière...

« Ce séjour à Smyrne nous a causé une vive impression. Nous avons vu là une des colonies françaises les plus anciennes, et le vieux nom de ses chefs élus « députés » de la nation le prouve amplement ; elle a pourtant toute l'activité, toute la chaleur de cœur de la jeunesse, sa prospérité matérielle est visible. Commerçante, industrieuse, elle a construit les quais du port, elle exploite les voies ferrées qui rayonnent autour de Smyrne. Elle lutte sur tous les terrains pour maintenir ici la prépondérance séculaire de la France... »

Le rapport du 14 mars contient des détails non moins intéressants :

« *A bord, en mer, le 14 mars 1911.*

Le contre-amiral Dartige du Fournet, commandant la division légère,

A Monsieur le Ministre de la Marine.

« . . . .

Accompagné du consul général, j'ai visité, du 11 au 13, l'hôpital français, les écoles françaises des

Capucins, des Frères de la Doctrine chrétienne, les orphelinats et écoles professionnelles des Sœurs de Saint-Vincent de Paul, l'école laïque française, etc., etc...

« Partout j'ai trouvé un enseignement empreint de l'attachement le plus ardent à notre pays, des œuvres qui développent puissamment notre influence. Mes souvenirs d'écolier sont malheureusement bien loin de moi, je puis pourtant affirmer que l'accueil des écoliers de Beyrouth à l'amiral français dépasse de beaucoup en chaleur celui que nous faisions, il y a quarante ans, aux visiteurs de nos lycées.

« Je fais une mention toute particulière de l'Université Saint-Joseph, où les Jésuites ont créé une faculté de médecine appelée au plus brillant avenir, et j'insiste sur une visite, la plus importante de toutes, celle que j'ai faite au patriarche des Maronites du Liban : Mgr Hoyeck, à sa résidence de Bkerké, sur les premiers contreforts de la montagne.

« L'accueil du patriarche lui-même a été très cordial; au cours du déjeuner qu'il nous a offert, il m'a longuement parlé de ses trois voyages en France et des attentions de notre gouvernement à son égard lors de ses séjours à Paris. Mgr Hoyeck est notre ami; il a dans le Liban une influence prépondérante. Je me suis attaché à répondre chaleureusement au toast qu'il a prononcé en l'honneur de la France .....»

Le rapport du 20 mars est un compte-rendu très documenté de l'exécution des instructions transmises par le gouvernement. A ce titre, il est doublement instructif.

« .. . .

Le 16 mars, à 11 h. 10 du matin, la mission désignée pour monter avec moi à Jérusalem partait par train spécial. Elle comprenait le personnel énuméré dans vos instructions du 3 février 1911, soit : 10 officiers supérieurs, 14 officiers, 93 officiers mariniers, quartiers-maîtres et marins triés sur le volet, auxquels s'étaient joints 27 officiers mariniers, quartiers-maîtres et marins voyageant à leurs frais; au total, 145 personnes. J'avais fait appel à toutes les bonnes volontés, afin de donner toute l'ampleur possible à cette manifestation de l'action de la France en Palestine. Les officiers et maîtres étaient en armes et épaulettes, le reste du détachement sans armes, mais équipé avec ceinturon, bretelles et cartouchières.

« A 3 h. 40 nous entrions en gare de Jésusalem. Une garde de 150 hommes avec musique y avait été envoyée par le commandant des troupes ottomanes pour rendre les honneurs; un délégué du gouverneur s'est présenté pour me souhaiter la bienvenue, accompagné du président de la municipalité, Hussein Selim Hussein. Le consul général était là, et avec lui toute la colonie française, des représentants des autorités religieuses latine, maronite, grecque, arménienne, les directeurs des écoles françaises et de l'Alliance israélite, etc., etc., venus pour nous saluer. Aussitôt les présentations terminées, nous sommes montés en voiture, et le cortège, suivant la tradition, s'est rendu au Saint Sépulcre où un *Te Deum* a été chanté. Une foule considérable se pressait sur notre passage et son accueil a été si chaleureux que rien ne pourra nous le faire oublier.

« Les rues que nous devions suivre avaient été parées et sablées en notre honneur, des pavillons français flottaient de toutes parts; l'enthousiasme était tel que, de l'aveu de tous, notre entrée solennelle à Jérusalem a fait pâlir de beaucoup celle du prince Eitel, fils de l'empereur d'Allemagne, dont le souvenir est ici tout récent. Je vous adresse d'ailleurs, Monsieur le Ministre, des photographies qu'on est venu nous offrir le soir même et qui parlent assez aux yeux pour se passer de commentaires.

« Au sortir du Saint Sépulcre, je me suis rendu chez le gouverneur civil (Mutessarif) Azmy Bey, chez le gouverneur militaire, colonel Ali Risa Bey, puis, la nuit venant, la mission est allée s'établir, suivant l'usage, le gros des officiers à Casanova, les hommes et les officiers chargés d'eux à Notre-Dame de France.

« Le 17 mars, à 7 heures du matin, la mission entière, en tenue d'apparat, a assisté à une messe solennelle au Saint Sépulcre ; du Saint Sépulcre j'ai fait visite, conduit par le consul général, à toutes les autorités religieuses qui m'avaient fait complimenter à la gare ; je citerai entre autres :

Le patriarche latin, M⊃r Camasci ;

Le révérendissime custode, M⊃r Razzoli ;

Le patriarche grec uni, M⊃r Damianos ;

Le vicaire patriarcal maronite, M⊃r El Mouallen ;

Le « *locum tenens* patriarche arménien », archevêque Daniel Hazopian. L'accueil de ce dernier, chef d'un culte dissident, inspiré certainement par le souvenir des services rendus par la France aux Arméniens, a été magnifique, et je ne saurais trop appuyer la demande que ce prélat m'a adressée d'un portrait de M. le Président de la République, pour orner son salon de réception où figurent déjà plusieurs chefs d'état européens.

Enfin le patriarche grec orthodoxe, autre chef d'un culte dissident.

« C'est la première fois que des chefs de communions non unies ont fait saluer un envoyé de la France.

« J'ai continué mes visites par les deux hospices français, les écoles françaises et celle de l'Alliance israélite.

« L'après-midi a été consacré à Bethléem, où les vivats, les saluts, les sourires d'une population presque entièrement chrétienne n'ont cessé de nous accompagner. Là encore, j'ai visité ou fait visiter par des officiers les écoles et l'hôpital.

« Le 18, nous nous sommes rendus, en tenue du jour, à une messe à la Maison de Sainte-Anne, nous y avons vu les dernières écoles françaises et assisté à un déjeuner offert par la Custodie. Enfin, à 2 h. 20, nous avons quitté Jérusalem.

« Comme à l'arrivé, la gare était pleine de Français, de dignitaires ecclésiastiques, de fonctionnaires ottomans. La même garde turque, avec musique, rendait les honneurs; les adieux ont été très chaleureux.

« Le train a démarré lentement, la foule suivait en poussant des acclamations; celles-ci ont redoublé quand la fanfare des Pères blancs a joué la *Marseillaise* et a duré jusqu'au moment où, prenant de la vitesse, nous avons disparu vers Jaffa. Pour tous, ce départ a été un moment d'émotion profonde.

Résumé et propositions. — Ce voyage à Jérusalem nous a produit une impression inoubliable, unique dans la vie de beaucoup d'entre nous. De notre côté, nous avons essayé de faire tout ce que nous pouvions pour que la manifestation voulue par le gouvernement ait tout son éclat. Il semble que ce but ait été atteint, puisque de tous côtés on m'affirme que le voyage de M. le vice-amiral Fournier en 1899, celui du prince Eitel, celui de l'empereur d'Allemagne lui-même ont été l'objet d'un moindre enthousiasme. Ce pays est resté fidèle à la France et la saluait en nous. La France y vit par des œuvres nombreuses qu'il serait regrettable de ne pas soutenir; hôpitaux, écoles surtout sont un moyen d'influence tout-puissant.

« Dans votre lettre du 3 février, vous vouliez bien, Monsieur le Ministre, me conférer momentanément les prérogatives du commandant en chef. La plus précieuse à mes yeux est le droit de vous dire toute ma pensée. D'une façon générale ces écoles d'Orient sont admirables. Des professeurs laïques, des religieuses, des religieux pratiquent la mutualité parfaite, y élèvent côte à côte dans l'amour de la France et le culte de sa langue, les enfants de fonctionnaires musulmans, d'Arméniens, de catholiques, d'israélites, de Grecs orthodoxes. Grâce à eux l'usage du français s'étend au lieu de diminuer; on ne saurait trop encourager tous ces bons ouvriers de la grandeur nationale. S'il venait un jour où les peuples de Syrie pourraient disposer d'eux-mêmes, ce serait à nous qu'ils viendraient, grâce aux écoles qui leur font ainsi une âme française... »

Les écoles françaises du Levant.

Il est bon de rappeler ici quelle importance a pour le maintien de la grandeur et de la puissance de la France le développement des écoles congréganistes dans le Levant.

En effet, l'esprit de nationalité étant fort peu développé dans ces pays, les indigènes ne se distinguent entre eux que par le culte qu'ils professent, et pour eux l'idée religieuse est le fondement de la pensée humaine.

La plupart de nos protégés veulent donc faire élever leurs enfants dans des écoles religieuses, et si l'on prétendait remplacer celles-ci par des écoles laïques, beaucoup de parents levantins enverraient leurs enfants dans les écoles, soit orthodoxes, soit israélites, où l'idée de Dieu domine l'enseignement. Les écoles laïques ne pourraient d'ailleurs songer à remplacer les établissements congréganistes que dans les villes cosmopolites plus avancées que le reste de l'Orient, par exemple Le Caire, Port-Saïd, Alexandrie. Et elles ne subsisteraient qu'avec l'aide de subventions beaucoup plus considérables que celles reçues par les écoles religieuses, alors que celles-ci ont plus d'élèves.

On lit dans le rapport de M. Deschanel pour l'exercice 1907 : « A Brousse, l'école laïque de M. Velletaz, qui comptait 213 élèves, a reçu en 1907 une subvention de 6,000 francs, alors que les écoles congréganistes de la même ville avec 233 élèves ont reçu ensemble 3,000 francs. »

C'est grâce à elles, en effet, grâce à l'enseignement de la langue et de la pensée françaises, qu'elles repandent depuis des siècles dans tout l'Orient, que notre pays conserve sur ses rivaux une suprématie jusqu'à présent incontestée, malgré les efforts de ces derniers pour nous ravir notre prestige. Aussi est-ce dans la France que tous les catholiques du Levant mettent leur confiance, leur espoir et leur foi (1).

C'est ce qui explique cette lettre particulièrement touchante adressée par les notables d'Alexandrie aux officiers de l'escadre française :

Lettre des notables d'Alexandrie aux offic'ers de l'escadre française.

« Les notables et les membres des colonies tunisienne et algérienne d'Alexandrie ont l'honneur de vous adresser la présente pour vous exprimer les sentiments de joie qu'ils ressentent en vous voyant parmi eux dans les eaux d'Alexandrie.

Ils espèrent vous recevoir et ainsi voir flotter de temps en temps le « cher drapeau de la marine française ».

Veuillez, Messieurs l'amiral, commandants et officiers, accepter la présente comme souvenir de votre heureuse visite.

Et en terminant nous crions de tout cœur, avant de signer :

« Vive la France! Vive la République! Vive la marine française! »

(1) Voir l'article de M. Marc Varenne, dans *la Renaissance politique littéraire et artistique*, du 24 janvier 1914.

Le ministère Monis reconnaît comme indispensable la participation de nos équipages aux fêtes catholiques.

Cette lettre révèle toute l'efficacité des croisières accomplies par nos navires dans le Levant et du surcroît de prestige qui en résulte pour la France auprès des populations dont elle respecte courtoisement les institutions, les usages et les cultes.

Ces documents se passent de commentaires. Ils démontrent surabondamment que le ministère Monis avait sur notre protectorat en Orient des opinions très nettes, arrêtées en conseil des ministres, comme les questions extérieures de cette importance. Après deux mois passés à la rue Royale, le ministre envoyait des instructions précises organisant une mission à Jérusalem et lui donnant une importance et une signification particulières. Le gouvernement reconnaissait indispensable d'associer nos équipages et notre pavillon aux cérémonies les plus essentielles de la religion catholique dans la région même qui en fut le berceau.

Sur l'ordre exprès du cabinet Monis, la marine française se joignait aux pèlerins qui vénèrent les lieux où s'accomplit le mystère du Vendredi Saint.

On voit que, après la loi de séparation, une jurisprudence s'était définitivement établie sous les ministères Clémenceau, Briand et Monis, en ce qui concerne le protectorat des intérêts catholiques en Orient, et notamment la participation de la marine aux exercices religieux. De plus en plus on avait reconnu la nécessité de témoigner le plus grand intérêt et la plus parfaite courtoisie vis-à-vis des établissements protégés et des manifestations cultuelles. De 1905 à 1911, l'attitude de nos équipages a été dirigée par les différents gouvernements sous l'influence de cette unique préoccupation.

Le ministère Monis avait, en particulier, si bien fait les choses que les cabinets suivants n'eurent qu'à suivre une voie aussi parfaitement tracée.

Conformément à ces précédents, la deuxième division légère accomplissait une croisière au printemps de 1913. Dans un rapport du 10 mars, l'amiral Dartige du Fournet rendait compte d'une tournée effectuée sur les côtes de Syrie avec le délégué apostolique, M. Giannini, et au cours de laquelle fut solutionné l'incident dont nous avons déjà parlé.

« ... En particulier à Alexandrette, disait-il, les Carmes italiens se sont placés sous le protectorat unique de leur nation ; ils ont pris la direction de la paroisse latine et mis nos établissements dans une situation délicate. Le *Henry-IV* y a passé le dimanche volontairement pour pouvoir célébrer à bord une messe consulaire, suivie d'un déjeuner offert aux notables de la colonie française... »

C'est à cette réunion que Mgr Giannini reconnut publiquement la nécessité et la légitimité du protectorat français et répudia les tendances séparatistes qui avaient si fort inquiété le cabinet Clémenceau.

Le 10 mars, l'amiral rendait compte de sa participation à une fête orthodoxe :

« . . . .

« Le jeudi 6 mars, nous avons pavoisé à l'occasion du tricentenaire de la dynastie des Romanoff. Je suis allé, dans la matinée, à bord du *Kagoul* présenter mes compliments à l'amiral Petroff Tchernichine, puis je me suis rendu avec l'ambassadeur à une messe solennelle suivie d'un « Te Deum » célébrée à la chapelle de l'ambassade de Russie.

« A l'issue de la messe, une réception a eu lieu dans les salons de l'ambassade de Russie. Des toasts ont été portés et des hourrahs poussés en l'honneur de la Russie, de la France et de l'Angleterre. . . . . »

Ministère Barthou.

Enfin, sous le ministère Barthou, le 24 mars 1913, l'amiral Dartige du Fournet exposait les mesures qu'il avait été amené à prendre, en rade de Constantinople.

Rapport de l'amiral Dartige du Fournet.

« . . . .

. . . .

Le 19 et le 20, tous les bâtiments de guerre présents sur rade ont mis le pavillon en berne à l'occasion de la mort de Georges Ier. Le contre-amiral commandant la division italienne, le contre-amiral commandant la division russe et le commandant supérieur des bâtiments anglais m'ont fait savoir qu'ils garderaient le pavillon en berne jusqu'au jour des obsèques, fixé le 2 avril.

« Me conformant à la coutume adoptée en France,

je ne ferai remettre le pavillon en berne que pendant la journée des obsèques.

« A l'occasion de la fête de Pâques, le contre-amiral commandant la division italienne et le contre-amiral commandant la division russe m'ont fait une visite de courtoisie que je leur ai rendue le jour même . . . .

. . . . »

Ainsi la question était complètement réglée, et les habitudes étaient définitivement prises. En se conformant à cette attitude traditionnelle vis-à-vis des catholiques d'Orient, la France ne devait manquer d'accroître constamment son prestige et son influence. C'est alors que tout fut remis en question à raison d'un incident dont l'origine d'ailleurs s'explique très facilement.

Reconnue nécessaire par les ministères précédents, la participation de la marine française aux cérémonies du culte catholique est gênée par une circulaire de 1901.

La participation de la marine française aux cérémonies du culte catholique en Orient ne pouvait être critiquée par une interprétation même stricte de la loi de séparation. Mais elle était entravée par une circulaire datant de 1901 et qui pouvait empêcher, dans une certaine mesure les pratiques de courtoisie constamment affirmées depuis 1905.

Il devenait indispensable de modifier cette réglementation ancienne et de la mettre en harmonie avec la pratique courante adoptée. La simple logique et la bonne foi élémentaire réclamaient cette mesure, quand des incidents sérieux en affirmèrent l'urgence.

Comment M. Pierre Baudin, ministre de la marine, fut amené à prendre la circulaire du 9 août 1913.

C'est ainsi que M. Pierre Baudin, ministre de la marine dans le cabinet Barthou, fut amené à prendre une nouvelle circulaire dont la publication a provoqué l'affaire dite du « Vendredi Saint » et qui mérite à elle seule d'assez longues explications.

LA CIRCULAIRE
DITE DU « VENDREDI SAINT »

Cette circulaire fut prise à la suite d'une affaire signalée par nos agents diplomatiques et après l'échange d'une correspondance volumineuse qu'il convient tout d'abord de rappeler.

Le Vendredi Saint 1913 à Smyrne.

Le 18 avril 1913, le ministre des affaires étrangères adressait à son collègue de la marine la communication suivante :

« Par trois dépêches en date des 28, 29 mars et 1er avril, le consul général de France à Smyrne m'a signalé l'impression pénible produite dans ce port par le fait que le *Jurien-de-la-Gravière* s'est abstenu, le jour du Vendredi Saint, de mettre en berne les couleurs nationales alors que les bâtiments italiens avaient arboré leur pavillon à demi-mât.

Rapport du consul général de France à Smyrne à M. Pichon.

Cette lettre était accompagnée d'une copie d'un rapport adressé le 28 mars précédent par M. Colomies, consul général de France, à M. Pichon et qui exposait l'incident :

« Conformément aux instructions en vigueur au ministère de la marine, le *Jurien-de-la-Gravière* n'a pas mis son pavillon en berne le Vendredi Saint.

« Prévoyant la mauvaise impression que ne manquerait pas de produire cette abstention sur la population catholique de Smyrne, j'ai prié le commandant Ravoux, qui m'avait déclaré ne pouvoir agir sans ordres, de consulter l'amiral.

« Je ne sais s'il a cru devoir le faire, quoiqu'il ait toujours montré le plus grand empressement à répondre aux suggestions de ce consulat général, mais le pavillon n'a pas été mis à mi-mât.

« Dans ces conditions, il me paraît indispensable d'attirer l'attention de Votre Excellence sur l'utilité qu'il y aurait à suspendre pour l'avenir dans les eaux du Levant l'application d'un règlement qui cadre mal avec la nécessité de défendre notre protectorat religieux au moment surtout où les Italiens redoublent d'activité contre nous; il y a là une mesure de précaution à prendre.

« Notre abstention a d'ailleurs été immédiatement relevée, d'autant plus que les deux torpilleurs italiens qui étaient dans le port, l'*Agordat* et le *Lampo,* ont gardé leur pavillon en berne du jeudi au samedi saints et ont même été jusqu'à prêter à des barques de pêche italiennes d'immenses pavillons dont l'importance contrastait avec le tonnage insignifiant de ces bâtiments.

Nos adversaires exploitent l'incident.

« Très habilement, nos adversaires ont suscité autour de notre réserve, qui a fait l'objet de nombreux propos hostiles à l'égard de la France, une campagne de presse dont Votre Excellence trouvera ci-jointe toute une série de lettres publiées dans le journal *La Réforme*, le plus lu et le seul quotidien des organes de la langue française à Smyrne.

« Je n'ignore pas, d'autre part, que l'archevêque n'aime pas à voir mise en cause la légitimité de notre protectorat et a été très contrarié du bruit fait autour d'un incident dont il me paraît très désirable de rendre le retour impossible. »

Ces communications étaient accompagnées des articles cités, et dont la signification n'était pas douteuse.

Extraits du journal « La Réforme », seul quotidien français de Smyrne.

C'est ainsi que *La Réforme* publiait le 23 mars 1913, une lettre qui posait nettement la question.

« Monsieur le directeur,

Vous obligerez vos lecteurs catholiques en leur faisant savoir pourquoi les bateaux français, et spécialement le *Jurien-de-la-Gravière* n'ont pas mis leurs pavillons en berne les derniers jours de la semaine sainte. Nous savons que, depuis la séparation des Églises et de l'État, l'État français n'a pas de religion, mais comme l'ex-ministre de Madagascar, le député socialiste Augagneur, avait dit : « Le socialisme n'est pas un article d'exportation », on ne peut encore mieux le dire pour l'anticléricalisme. Ainsi les représentants de la France à l'étranger assistent-ils toujours aux services religieux et

tous les catholiques du Levant continuent à consi-
dérer la France comme leur patrie.

« Aussi a-t-on fort remarqué l'incident du drapeau et n'a-t-on pas manqué de relever que les
bateaux de guerre italiens *Agordat* et *Lampo* ont
tenu respectueusement pendant trois jours leurs
pavillons de guerre en berne, alors que l'Italie est
considérée comme une nation spoliatrice, quasi
hérétique. Nous serions désireux de savoir si c'est
un règlement, un ordre qui empêche les vaisseaux
français de participer aux deuils de l'Église.

Agréez...

Des lecteurs catholiques. »

Des correspondants italiens répondaient en dis-
cutant le protectorat de la France, et ils concluaient
en ces termes (*La Réforme* du 26 mars) :

« Il est évident que la lettre des « lecteurs catholiques », plus français que catholiques, a pour but
de chercher, d'une part à détruire la bonne impression produite dans le public par la tenue respectueuse des navires de guerre italiens durant les
jours saints et, d'autre part, le mauvais effet produit par l'indifférence imposée au *Jurien-de-la-
Gravière.*

MINISTÈRE
DES
AFFAIRES ÉTRANGÈRES
—
DIRECTION
DES
AFFAIRES POLITIQUES
ET COMMERCIALES

RÉPUBLIQUE FRANÇAISE

COPIE

Extrait du journal « La Réforme ».

« Vos lecteurs catholiques » font mal leurs comptes lorsqu'ils trouvent n'avoir mis contre eux que les catholiques français italiens.

Ils oublient votre ténébreux correspondant A. Z. dont ils ont eu le talent d'exaspérer le système nerveux et qui, à en juger par ses dires, doit sentir « son amour-propre choqué » toutes les fois que le consul général de France, les officiers de la marine militaire et la colonie vont en corps aux cérémonies officielles de leur église paroissiale. »

Bientôt après, notre consul général à Smyrne communiquait au département un nouvel article du 28 mars 1913, qui marquait nettement le but de la campagne entreprise, c'est-à-dire la « négation de notre protectorat en Orient ».

C'était une lettre ainsi conçue :

MINISTÈRE
DES
AFFAIRES ÉTRANGÈRES
—
DIRECTION
DES
AFFAIRES POLITIQUES
ET COMMERCIALES

RÉPUBLIQUE FRANÇAISE

« La Réforme ». — 18 mars 1913.

« Smyrne, le 27 mars 1913.

Monsieur le directeur,

Dans la lettre d'un catholique, que vous avez publiée hier dans la rubrique « Tribune libre », on affirme que la France conserve toujours et malgré tout le protectorat des catholiques en Orient. Mais, en grâce, est-ce que les Sœurs d'Ivrea, les Pères dominicains, les Pères salisiens, les Pères de Saint-Antoine de Constantinople, etc., sont des schismatiques ou des hérétiques parce qu'ils ont dressé le drapeau italien sur leurs maisons ? C'est une illusion de croire que le protectorat des catholiques en Orient ne soit une prérogative que de la France. Il y a beaucoup de temps que la France a en effet renoncé à ce qu'on croyait son privilège.

D'ailleurs le droit de protéger ses sujets à l'étranger est la plus essentielle des attributions d'un état civil et ne peut être le monopole d'une puissance quelconque. C'est qu'on veut faire servir la religion de piédestal à la politique en Orient — *that is the question. »*

Gravité de l'incident.

Une pareille polémique devenait intolérable. A grand'peine, on parvint à la faire cesser en agissant sur la direction du journal. Mais l'effet produit n'en était pas moins désastreux. M. Colomies, fonctionnaire excellent et loyal, n'avait rien exagéré. Il fallait de toute urgence envisager les moyens d'éviter le retour d'aussi pénibles incidents.

Le ministre de la marine et le ministre des affaires étrangères étudient la question.

Le département de la marine étudia un remaniement de la réglementation en vigueur. L'état de la question fut ainsi exposé au département des affaires étrangères dans une lettre du 16 juin 1913, ainsi conçue :

« Vous avez bien voulu me communiquer, le 18 avril dernier, les dépêches que le consul général de France à Smyrne vous avait adressées pour signaler à votre attention l'impression pénible produite dans ce port par le fait que le *Jurien-de-la-Gravière* s'est abstenu, le jour du Vendredi Saint, de mettre en berne les couleurs, alors que des navires italiens avaient arboré leur pavillon à mi-mât.

« Jusqu'en 1896, les bâtiments de la marine nationale présents sur les rades françaises ou étrangères participaient à la fête religieuse du Vendredi Saint par le cérémonial suivant : pavillon en berne, apiquage des vergues, coups de canon tirés de demi-heure en demi-heure.

« Une circulaire du 20 mars 1896 de M. Lockroy, alors ministre de la marine, tout en laissant liberté complète aux commandants des navires mouillés sur les rades étrangères d'accomplir le cérémonial habituel, spécifiant que sur les côtes de France l'autorisation devait en être demandée au ministre, en indiquant les raisons susceptibles de justifier cette manifestation.

« Enfin, à la suite d'un ordre donné le 2 avril par M. de Lanessan aux autorités maritimes et rappelant qu'aucune cérémonie non prescrite par les règlements, ne pouvait être célébrée, soit à bord des navires, soit dans les établissements de la marine, le cérémonial du Vendredi Saint a définitivement cessé d'être pratiqué à bord des bâtiments de la marine nationale.

« Il ne me paraît pas qu'il puisse être question de revenir sur le principe même de l'interdiction prononcée à cet égard par M. de Lanessan à une époque où la séparation des Églises et de l'État n'était pas encore accomplie.

« *Mais, afin d'éviter le retour d'incidents analogues à celui de Smyrne, je serais disposé à rétablir la latitude laissée par la circulaire précitée du 20 mars 1896 pour la participation à la cérémonie du Vendredi Saint sur les rades étrangères.*

« *Il serait bien entendu que les dispositions à prendre à cet effet devraient faire l'objet d'un accord préalable entre les commandants et nos agents diplomatiques.*

« *Je vous serai obligé de me faire connaître si cette proposition ne soulève aucune objection de votre part.*

Lettre du ministre des affaires étrangères à M. Baudin, ministre de la marine.

A cette lettre, M. Pichon répondait, le 20 juin, en ces termes :

« ... Vous ajoutez que les dispositions à prendre à cet effet devraient faire l'objet d'un accord préalable entre les commandants et nos agents diplomatiques.

J'estime comme vous qu'il ne saurait être question de revenir sur le principe même de l'interdiction prononcée par M. de Lanessan, mais je suis tout disposé, en ce qui concerne les bâtiments mouillés dans les eaux étrangères, à entrer dans les vues que vous m'exposez. »

Et il soumettait en même temps à son collègue de la marine la circulaire suivante qu'il se proposait d'adresser à nos agents diplomatiques et consulaires :

« La non-participation du *Jurien-de-la-Gravière* au cérémonial du Vendredi Saint à Smyrne a donné lieu, dans la presse de cette ville, à une polémique dont j'ai signalé à M. le ministre de la marine les inconvénients au point de vue de la défense de nos intérêts traditionnels *dans le Levant*.

Retenant ces considérations, M. Baudin m'a fait connaître qu'il serait disposé à rétablir la latitude laissée par la circulaire du 20 mars 1896 aux commandants des bâtiments présents dans une rade étrangère en ce qui concerne la participation à la cérémonie du Vendredi Saint.

J'ai l'honneur de vous faire parvenir copie de la

dépêche de M. le ministre de la marine, dont je ne puis que partager la manière de voir.

« Si, en effet, il n'entre pas dans les intentions du gouvernement de revenir sur le principe de l'interdiction prononcée par M. de Lanessan, j'estime que nous ne saurions, à l'étranger, et notamment dans les régions où s'exerce notre protectorat traditionnel, ne pas tenir compte des habitudes et des usages locaux.

« Je vous serai donc obligé, à l'avenir, lorsque des bâtiments de notre marine nationale se trouveront mouillés dans les eaux territoriales de votre résidence, de vous entendre avec les commandants de ces unités pour adopter, à l'occasion du Ve: iredi Saint, des dispositions conformes autant que possible aux règles suivies, en cette matière, par les autorités locales ou les marines étrangères. »

C'est à la suite de ces diverses communications que M. Pierre Baudin signait la circulaire du 9 août 1913 « relative à la célébration par les navires de guerre de la cérémonie du Vendredi Saint sur les rades étrangères » et qui est ainsi conçue :

La circulaire du 9 août 1913, dite « du Vendredi Saint ».

« Jusqu'en 1896, les bâtiments de la marine nationale présents sur les rades françaises ou étrangères participaient à la fête religieuse du Vendredi Saint par le cérémonial suivant :

« Pavillon en berne, apiquage des vergues, coups de canon tirés de demi-heure en demi-heure.

« Un circulaire du 20 mars 1896 (*B. O.*), tout en laissant liberté complète aux commandants des bâtiments mouillés sur les rades étrangères d'accomplir le cérémonial habituel, spécifiait que, sur les côtes de France, l'autorisation devait être demandée au ministre.

« Quelques années plus tard, toute participation à la fête dont il s'agit fut interdite.

« Mon attention a été appelée sur les inconvénients auxquels cette abstention peut donner lieu dans certains cas, notamment lorsque des bâtiments français se trouvent sur une rade étrangère, le jour du Vendredi Saint, en même temps que des navires d'autres puissances qui célèbrent cette fête religieuse par un cérémonial extérieur.

« Après entente avec le Ministre des affaires étrangères, j'ai décidé de rétablir la latitude laissée par la circulaire précitée du 20 mars 1896 pour la participation à la cérémonie du Vendredi Saint sur les rades étrangères.

« Les dispositions à prendre à cet effet feront l'objet d'un accord préalable entre les commandants et nos agents diplomatiques, auxquels le ministre des affaires étrangères adresse de son côté des ordres en conséquence. »

Précisions.

« Enfin, pour fixer exactement l'interprétation de ces dispositions, le ministre tenait, le 23 septembre suivant, à préciser les conditions dans lesquelles elles devaient être suivies.

« La conséquence, disait-il, du principe posé par la loi est que les cérémonies du culte sont interdites à bord de nos bâtiments, aussi bien dans les ports étrangers que dans les ports nationaux. Cette règle ne comporte aucune dérogation. »

Et il ajoutait : « D'autre part, en ce qui concerne les manifestations extérieures de courtoisie internationale auxquelles peut donner lieu dans les ports étrangers la célébration de certaines cérémonies religieuses, il importe d'éviter, dans les ports où la France exerce le protectorat catholique, le retour d'incidents du genre de ceux qui se sont produits et qui ont été signalés par nos agents diplomatiques et consulaires. »

Ces explications très nettes suffisaient à éclairer la question et à montrer qu'il fallait s'inspirer des circonstances mêmes qui exigeaient la participation de la Marine aux fêtes religieuses.

M. Pichon, de son côté, indiquait à nos agents que cette participation ne devait se faire que sur leur demande expresse, d'accord avec les autorités locales. »

Il ajoutait que cette initiative ne devait être prise que justifiée par le respect des coutumes locales, l'usage traditionnel pratiqué par les navires étrangers et la nécessité de ne pas nuire aux intérêts de notre protectorat. »

La circulaire du 9 août 1913 n'a donc fait que régler un point de détail dans les manifestations extérieures de courtoisie internationale.

On a pu voir au cours de cette étude l'importance que les gouvernements les plus divers qui se sont succédé en France depuis la Révolution ont toujours attachée au maintien de notre influence en Orient. De la Convention au ministère Barthou, leur souci constant, au milieu des plus grands bouleversements intérieurs, a été de perpétuer l'admirable effort de leurs devanciers pour conserver la première place dans le Levant au pavillon français.

Eût-il donc été de bonne politique, après une aussi longue suite d'exemples, de rompre brusquement avec notre tradition d'honneur et de chevalerie? M. Clémenceau a porté la question sur le terrain religieux, alors qu'il est de toute évidence et qu'il a été officiellement dit qu'il ne s'agissait là que de déférence. Il a, en même temps, et une fois de plus, oublié qu'étant au pouvoir il suivit exactement la ligne de conduite qu'il reproche au ministère Barthou. Cela n'est fait pour surprendre personne.

Ce qui est important, ce dont il faut que le pays se rende compte, c'est que pour la première fois notre suprématie morale en Orient se trouverait en péril si l'on abandonnait la politique franchement traditionnelle qui a toujours maintenu, aux yeux des peuples qu'elle a protégés à travers les âges, les droits, la puissance et le prestige de la France.

TABLE DES MATIÈRES

ORLÉANS. — IMP. ORLÉANAISE, 68, RUE ROYALE

www.ingramcontent.com/pod-product-compliance
Lightning Source LLC
Chambersburg PA
CBHW051232030726
47595CB00003B/858